RELIGION ET DROIT

PUBLICATIONS DE LA CONFÉDÉRATION DES JURISTES CATHOLIQUES DE FRANCE

— *Les droits naturels de l'enfant* (Acte du 1er Colloque National des Juristes Catholiques - Versailles 1979). Conférences de Son Éminence le cardinal Pericle Félici, des professeurs Jean Foyer, Henri Mazeaud, Michèle-Laure Rassat, Jérôme Lejeune et des magistrats Eugène Clavel et Pierre Barbier (145 pages, 30 F franco).

— *Le Juris chrétien.* Revue semestrielle de la Confédération (80 pages environ).

Adresser les commandes à la Confédération des Juristes Catholiques de France - 3, avenue Robert-Schuman - 13628 Aix-en-Provence Cedex (Chèques à l'ordre de la Confédération).

AUX ÉDITIONS PIERRE TÉQUI

— *Actualité de la doctrine sociale de l'Église* (Actes du IIe Colloque National des Juristes Catholiques - Paris 1980). Conférences de Son Éminence le cardinal Egidio Vagnozzi, du R.P. Philippe André-Vincent, de Joël-Benoît d'Onorio, du conseiller d'État Alfred Coste-Floret et des professeurs Michel Villey, André Piettre, François Terré, Jean-François Vouin (150 pages, 48 F).

— *Liberté d'éducation et école catholique* (Étude des Juristes Catholiques d'Italie, du Québec, de Belgique et de France-Rome 1981). Préface de Son Éminence le cardinal Opilio Rossi. Rapports de Joël-Benoît d'Onorio, Anna Talamanca, Michel Pallascio, Victor-Vincent Dehin, Jean-Pierre Gridel et du R.P. Jacques Michel (110 pages, 24 F).

— *L'Église et l'État en France* (Actes du IIIe Colloque National des Juristes Catholiques - Paris 1982). Préface de Son Éminence le cardinal Jean-Marie Lustiger. Conférences de Joël-Benoît d'Onorio, Philippe Le Tourneau, Philippe Levillain, Jean Passicos, Jean-Michel Lemoyne de Forges, Louis Fougère, Jean-Louis Harouel, Dominique Le Tourneau, Philippe André-Vincent et de Mgr Jacques Jullien (176 pages, 69 F).

Joël-Benoît d'ONORIO Philippe LE TOURNEAU Jean-Claude RICCI
Roland DRAGO Jean-Louis MESTRE Albert CHAVANNE
Pierre RAYNAUD Christian ATIAS Alain SÉRIAUX

RELIGION ET DROIT

Introduction du Cardinal Opilio Rossi

Actes du IVe Colloque national
des Juristes Catholiques
Paris, 18-20 novembre 1983

TÉQUI
82 rue Bonaparte - Paris VIe

PROGRAMME

Vendredi 18 novembre

14 h : Enregistrement des Congressistes.

14 h 30 : Accueil de Son Éminence Monsieur le Cardinal Opilio ROSSI.

Allocution de Bienvenue de M. Philippe LE TOURNEAU, Président de la Fédération des Juristes Catholiques d'Ile-de-France.

Rapport introductif de M. Joël-Benoît d'ONORIO, Président de la Confédération des Juristes Catholiques de France.

16 h : Présidence de Monsieur le Professeur Jean FOYER, Ancien Ministre et Garde des Sceaux. Ancien Président de la Commission des Lois constitutionnelles de l'Assemblée Nationale.

RELIGION ET DROIT CONSTITUTIONNEL

Conférence de M. le Professeur Jean-Claude Ricci, de la Faculté de Droit de l'Université de Dijon.

17 h 15 : Présidence de Maître Bernard de BIGAULT du GRANRUT, Bâtonnier de l'Ordre des Avocats au Barreau de Paris.

RELIGION ET DROIT PÉNAL

Conférence de M. le Doyen Albert CHAVANNE, Professeur à la Faculté de Droit de l'Université de Lyon III, Directeur du Centre Paul Roubier.

19 h : Réception de Son Éminence Monsieur le Cardinal Opilio ROSSI et des Congressistes par M. Alain POHER, Président du Sénat, au Palais du Luxembourg.

21 h : Dîner offert par M. le Président du Sénat au Palais du Luxembourg en l'honneur de Son Éminence.

Samedi 19 novembre

9 h : Présidence de M. le Sénateur Michel GIRAUD, Président du Conseil Régional d'Ile-de-France.

LES RACINES CANONIQUES DU DROIT ADMINISTRATIF FRANÇAIS

Conférence de M. le Professeur Jean-Louis MESTRE, de la Faculté de Droit de l'Université d'Aix-en-Marseille III.

RELIGION ET DROIT ADMINISTRATIF

Conférence de M. le Professeur Roland DRAGO, de la Faculté de Droit de l'Université de Paris II.

11 h : Présidence de M. Pierre BARBIER, Président de Chambre à la Cour d'Appel de Paris.

RELIGION ET DROIT CIVIL

Conférence de M. le Professeur Pierre RAYNAUD, Directeur de la Revue trimestrielle de Droit Civil.

12 h 30 : Déjeuner en commun.

15 h : Présidence de Son Excellence Monsieur Louis DAUGE, Ambassadeur de France, Ancien Ambassadeur près le Saint-Siège.

RELIGION ET DROIT EN ARGENTINE, BELGIQUE, CANADA, ESPAGNE, SUISSE

Discussion comparative dirigée par M. le Professeur Hugues PERINET-MARQUET, de la Faculté de Droit de l'Université de Poitiers, Secrétaire National de la Confédération des Juristes Catholiques de France.

16 h 30 : Carrefours entre Congressistes.

17 h 30

18 h 30 : Débat sur des questions d'actualité législative animé par Mme le Professeur Michèle-Laure RASSAT, Président de la Commission des Affaires de Société de la Confédération des Juristes Catholiques de France.

Dimanche 20 novembre

9 h 30 : Basilique du Vœu National du Sacré-Cœur de Montmartre : Grand messe pontificale du Christ-Roi et cérémonie d'Indulgence de l'Année Sainte de la Rédemption du Seigneur célébrées pour les Juristes catholiques de France par Son Éminence Monsieur le Cardinal Opilio ROSSI.

*« Dieu, fondement de tout droit
et de toute justice »*

JEAN PAUL II
Acte européen de Saint-Jacques de Compostelle
9 novembre 1982

ALLOCUTION DE BIENVENUE

de M. Philippe Le Tourneau

Professeur à la Faculté de Droit de l'Université de Paris XII,
Président de la Fédération des Juristes Catholiques d'Ile-de-France,
Vice-Président de la Confédération des Juristes Catholiques de France

Monsieur le Cardinal,
Messieurs les Ministres,
Messieurs les Ambassadeurs,
Messieurs les Hauts Magistrats,
Messieurs les Présidents,
Messieurs les Doyens,
Messieurs les Bâtonniers,
Mesdames, mesdemoiselles, messieurs,
Chers Juristes catholiques,
Mon cher Président,

Nous voici tous réunis pour cette séance solennelle d'ouverture des IVes journées nationales de la Confédération des Juristes Catholiques de France qui porteront cette année sur *Religion et droit.* Présidents de séance et orateurs sont tous de premier plan et les thèmes fort riches de sorte que je ne m'aventure guère en prédisant que ce colloque sera, une fois de plus, d'un grand intérêt. Cependant, faute de temps, certains thèmes, qui eussent dû normalement être envisagés (par exemple : *Religion et droit commercial, Religion et droit social*), ont été laissés de côté ; je suggère aux associations locales de les retenir comme sujets de conférences.

L'éclat de ce colloque est rehaussé par la présence de Son Éminence le cardinal Opilio Rossi qui a accepté, malgré ses lourdes tâches romaines, de présider effectivement nos travaux et de célébrer la messe pontificale du Christ-Roi à la basilique du Sacré-Cœur de Montmartre.

Nous nous félicitons, Éminence, que par une coïncidence toute providentielle, votre venue concorde avec le 50e anniversaire de votre ordination sacerdotale, à propos duquel le Saint-Père a tenu à vous adresser une lettre publique dans laquelle il relève vos mérites et vertus. Pour ne pas froisser votre humilité, je n'insisterai pas sur ce point, me contentant de retracer, très brièvement, quelques étapes de votre vie au service de l'Église.

Vous avez occupé de nombreux postes dans des nonciatures de diverses villes de l'Europe, puis vous avez représenté le Saint-Siège en tant que nonce en Équateur, au Chili et enfin en Autriche. Après avoir été agrégé au Sacré Collège cardinalice par Paul VI, lors du Consistoire du 24 mai 1976, avec la titulature de cardinal-diacre de Santa Maria à Monte Testaccio, vous avez été nommé Président du Conseil pontifical pour les Laïcs en 1976, poste auquel vous avez succédé au cardinal Roy. En même temps, la Présidence du Comité de la Famille vous fut confiée, dont vous n'avez été déchargé que lorsque ce comité fut érigé au rang de Conseil.

L'appartenance à plusieurs congrégations romaines est un signe qui ne trompe pas en fonction duquel les observateurs mesurent, d'une certaine façon, la confiance que le Pape accorde à tel ou tel prélat. Or, vous êtes un de ceux qui, précisément, ont le redoutable privilège de siéger dans les organes dirigeants de nombreux dicastères : le Conseil des Affaires publiques de l'Église, la Sacrée Congrégation pour les évêques, celle pour les Églises orientales, la Sacrée Congrégation pour les sacrements et le culte divin, et encore celle pour les religieux et instituts séculiers, enfin, la Sacrée Congrégation pour l'évangélisation des peuples. Votre champ d'action est donc infini : il y a peu de domaines que vous n'abordez pas d'une façon ou d'une autre ; il est en même temps vraiment catholique, puisqu'aussi bien vous vous intéressez à l'univers entier, ne serait-ce que par les congrégations pour les Églises orientales ou pour l'évangélisation des peuples. Cette multitude de fonctions est la marque incontestable que le Pape Jean Paul II attache un prix tout spécial à vos conseils avisés et à votre perspicace modération.

L'existence du Conseil pontifical pour les Laïcs, créé dans le sillage du concile de Vatican II, est en elle-même capitale. En effet, si à certaines périodes les laïcs étaient laissés dans l'ombre, ce siècle aura vu une renaissance de la réflexion à leur égard et une meilleure compréhension de leur place dans l'Église. Comment ne pas citer, à ce propos, le pionnier qu'a été Mgr Escriva de Balaguer qui, dès son premier ouvrage, *Chemin,* a lancé de fécondes et neuves idées en ce sens. Ce prélat notait ailleurs *« le caractère spécifique de la vocation laïque, qui doit être encouragée et favorisée au moyen d'une pastorale qui porte à découvrir, au sein du Peuple de Dieu, le charisme de la sainteté et de l'apostolat dans les formes infinies et très diverses sous lesquelles Dieu l'accorde »* (*Entretiens,* Fayard, 1969, p. 104).

Le concile de Vatican II devait proclamer avec la plus grande vigueur la vocation divine du laïcat et attirer l'attention sur l'apostolat des laïcs non seulement dans les constitutions *Lumen Gentium* et *Gaudium et Spes* mais encore dans un texte spécifique, le remarquable décret *Apostolicam actuositatem* du 18 novembre 1965, dont tout laïc doit faire sa charte. Expliquant et développant la doctrine conciliaire, Paul VI puis le Pape régnant ont souvent traité des laïcs, de leur *« mission incomparable pour incarner la présence et le témoignage du Christ »* dans les diverses tâches profanes et suggéré *« une meilleure articulation des tâches* (des clercs) *avec les laïcs »,* dont les activités et rôles doivent être complémentaires (cf. Jean Paul II, discours aux évêques du Nord de la France en visite ad limina in *Église de Beauvais,* 1982, pp. 504 et s.).

Et voici que le nouveau Code de droit canon renforce cet éclairage. Il définit le fidèle par rapport à la vocation qui est assignée par Dieu à chacun d'entre nous, dans la situation où nous nous trouvons. Cette vocation est fondée sur notre incorporation au Christ par le baptême et sur la participation à la mission pastorale du Christ (Canon 204). Nous sommes tous appelés à prendre part à la mission de l'Église, parce que nous sommes tous baptisés et que tous nous faisons partie de l'unique peuple de Dieu. Cette doctrine emporte à mes yeux trois conséquences.

La première est qu'il faut éviter la triste uniformité. Le peuple de Dieu est divers, signe de la merveilleusc générosité du Créateur ; admettons la diversité des laïcs et de leurs mouvements, dès lors qu'ils demeurent fidèles au Magistère.

La seconde est qu'il est nécessaire qu'un dialogue sincère, authentique, attentif, s'instaure à l'intérieur de l'Église, entre la hiérarchie et les fidèles ; que ceux-ci ne se voient pas seulement adresser des directives incitatives ou des ordres comminatoires. Votre présence, Éminence, est le signe que ce vœu est déjà entendu.

Enfin, il me semble que l'apostolat des laïcs ne peut être efficace que si une certaine liberté de manœuvre leur est laissée. Si, pour ce qui touche la foi et la doctrine, il est évident que les laïcs doivent suivre scrupuleusement ce qui leur est enseigné, la situation peut être différente pour les questions temporelles : ils devraient pouvoir œuvrer selon leur charisme, avec une importante marge de manœuvre autonome. S'il n'en allait pas de la sorte, l'inertie, voire la paralysie, gagnerait rapidement les mouvements de laïcs, sans compter le risque, sinon de conflit avec la hiérarchie, du moins de tension interne au sein du peuple de Dieu.

Je parle sans doute plus pour me bien persuader que pour vous convaincre, Monsieur le Cardinal, car je crois que vous partagez l'opinion que je viens d'exprimer. Vous avez en effet déclaré, lors de la Rencontre de Vienne de juillet 1981, que *« l'Église a besoin des laïcs non seulement en tant que bouche-trous, mais aussi en tant que protagonistes dont la participation à la mission de l'Église est essentielle. Le rôle des laïcs est d'autant plus important qu'ils contribuent à rendre présents dans le monde les valeurs fondamentales de l'Église »* (S. Em. le cardinal O. Rossi, Homélie d'ouverture de la Rencontre de Vienne de juillet 1981, *Apostolat des laïcs et responsabilité pastorale des évêques,* Conseil pontifical pour les Laïcs, 1982, p. 222). Comment mieux dire ? Au cours de ces journées, vous pourrez préciser, Éminence, vos vues actuelles sur ce sujet, qui sont les vues de l'Église. Sachez que nous vous écouterons avec une attention soutenue et avec le ferme propos de suivre vos consignes.

Monsieur le Cardinal, votre présence ici est non seulement pour nous une grande joie et un grand honneur, mais nous la ressentons aussi comme un réconfort particulièrement vif. Nous y voyons le signe que le Saint-Siège entend favoriser notre action, souvent difficile, en butte qu'elle est à l'indifférence, à l'incompréhension parfois, même des clercs, voire à l'hostilité. Faut-il rappeler quel est notre dessein ? Nous voulons, dans ce monde *« amnésique »* (Mgr Jacques Jullien, Homélie à la messe de rentrée de l'Institut catholique de Paris, octobre 1983), qui a oublié Dieu, approfondir et défendre les principes chrétiens dans le domaine juridique. Ce faisant, nous répondons au vœu de la constitution *Lumen Gentium* (n° 33) selon laquelle *« les laïcs sont appelés tout spécialement à assurer la présence et l'action de l'Église dans les lieux et les circonstances où elle ne peut devenir autrement que par eux le sel de la terre »,* et nous entrons en même temps parfaitement dans les normes du nouveau Code de droit canonique (cf. le C. 301, al. 2 qui, dans l'énumération des fins des associations mentionne la promotion de la doctrine chrétienne et l'animation de l'ordre temporel avec un esprit chrétien).

Mais nous n'entendons nous avancer dans cette voie qu'en intime communion avec la hiérarchie. Votre présidence confirme la réalité de cette communion, ce qui nous permet de regarder l'avenir avec sérénité et détermination. Au demeurant, si c'est la première fois que vous participez au Colloque national des Juristes Catholiques de France, vous n'ignorez rien de nos activités : depuis l'origine, nous vous tenons régulièrement au courant de nos faits et gestes. De plus, vous aviez participé au Congrès international des Juristes Catholiques — hélas ! le seul congrès de ce genre à ce jour — qui s'était tenu à Manille en décembre 1979 et dont la présidence vous avait été confiée à l'instigation du groupe français. Enfin, vous aviez également présidé le Colloque franco-romain qui, en novembre 1981, avait débattu, au Palais de la Chancellerie, de la liberté d'éducation et de l'école catholique, colloque dont les actes ont été publiés aux éditions Téqui avec une préface de vous-même. C'est dire combien vous suivez attentivement les juristes catholiques et particulièrement ceux de France.

Une autre personnalité religieuse nous a toujours témoigné un soutien actif : je veux citer Son Excellence le Nonce apostolique à Paris. Depuis votre nomination à ce haut poste vous n'avez cessé, Monseigneur, de nous prodiguer de paternels conseils et de précieux encouragements, en parole et en action. Je suis heureux en cette occasion de vous témoigner publiquement notre respectueuse gratitude.

Je me fais encore un agréable devoir d'accueillir parmi nous plusieurs délégations étrangères : d'Argentine (Maître Enrique Morad), de Belgique (Maître Dehin), d'Espagne (M. le professeur Gabriel Garcia Cantero, Catedratico à l'Université de Sarragosse) et de Suisse (M. le Procureur Lovey, Maître Gross et Maître Mabillard). En revanche, Maître Émile Colas, Président de l'Association des Juristes Catholiques du Québec et Président de l'Alliance francophone des juristes catholiques (créée, vous vous en souvenez, à la Saint-Martin de l'an passé, la veille de l'ouverture de notre IIIe Colloque national), s'est vu dans l'obligation de renoncer au dernier moment, pour des raisons professionnelles, de venir à Paris. Puisque je cite le Québec, je vous indique que notre Président, M. d'Onorio, s'est rendu une nouvelle fois, en octobre dernier, dans cette contrée, ce qui a été pour lui l'occasion de renforcer, si besoin était, les liens entre nos associations.

De fil en aiguille, j'achève le chapitre des voyages, en vous signalant que Joël-Benoît d'Onorio et moi-même avons été à Rome, en janvier, pour les affaires de la Confédération. Nous y sommes retournés en mai avec René Picard, secrétaire général, et Philippe Monge, secrétaire national. A l'occasion de chacun de ces voyages, nous avons été reçus dans divers dicastères de la Curie. De plus, en janvier, nous avons eu l'insigne honneur d'assister à une messe privée du Pape, à l'issue de laquelle le Souverain Pontife nous a adressé ses vœux pour la France et pour les Juristes Catholiques de ce pays. En mai, nous avons cette fois bénéficié du privilège d'approcher et de saluer Sa Sainteté qui nous a vivement encouragés à poursuivre notre action avec persévérance et ardeur.

Enfin, ne pouvant pas saluer un à un chacun des participants, je les remercie collectivement de leur amicale présence et de leur fidèle collaboration, hautes personnalités, présidents de séance, conférenciers, auditeurs, français et étrangers, tous unis par une commune dilection pour le droit et une même foi.

LA MISSION DU JURISTE CATHOLIQUE

Discours d'ouverture
du cardinal Opilio Rossi

Président du Conseil pontifical pour les Laïcs
Proto-diacre du Sacré Collège cardinalice

« Tout d'abord, faut-il vous redire à quel point l'Église... compte sur votre apostolat de laïcs ? L'œuvre qui vous revient en propre dans l'Église est essentielle : personne ne vous y remplacera, ni les prêtres, ni les religieuses... Vous devez agir en véritables laïcs, responsables à longueur de journées des tâches familiales, sociales et professionnelles où vous incarnez la présence et le témoignage du Christ, où vous cherchez à faire de ce monde et de ses structures un monde plus digne des fils de Dieu. »

Telles sont les paroles que, à l'occasion de sa visite pastorale à Paris, en mai 1980, Jean Paul II adressait aux mouvements d'apostolat des laïcs, reprenant les affirmations du Concile sur la « vocation des laïcs », notamment celles de la constitution *Lumen gentium* et du décret *Apostolicam actuositatem.*

Ces paroles du Saint-Père qui contiennent tout un programme de vie m'ont semblé une bonne introduction à votre Colloque où, entre autres, vous allez réfléchir sur la responsabilité des laïcs, en particulier des laïcs qui cultivent le droit en France.

Vous avez là une responsabilité qui vous est confiée par Dieu et que vous devez assumer en faisant preuve de force créatrice. Et *« la source première de cette force créatrice,* comme l'avait souligné le cardinal Wojtyla, *c'est l'Évangile que l'on doit lire en profondeur et la grâce divine que chacun reçoit selon les besoins de son état et de sa vocation »* (Lud Bozy, « Le peuple de Dieu », in *Przewodnik Katolicki,* 1964, p. 65).

Les juristes catholiques ont pour vocation et mission de réaliser l'œuvre du Christ avec les moyens propres aux laïcs mais dans un domaine particulièrement décisif de la vie professionnelle, sociale et politique. C'est le droit qui définit les pouvoirs de l'État ; c'est le droit qui précise les droits de la personne humaine et régit les relations entre les hommes. Le champ du droit est immense — vous le savez mieux que quiconque. Il suffit de penser à l'importance de plus en plus grande que revêt le droit international, public et privé, du fait même du développement et de l'interdépendance des peuples et des nations. On pourrait aussi mentionner d'autres domaines du droit dans lesquels des juristes français ont également contribué, de façon substantielle, à faire avancer la science et la pratique juridiques. Je me contenterai d'évoquer Jean Bodin et sa doctrine de la souveraineté ; Montesquieu et sa doctrine de la division des pouvoirs ; ainsi que l'action de la France en faveur de la reconnaissance des droits humains fondamentaux.

Plus s'accroissent les fonctions du droit et plus existent des situations humaines complexes et cruciales que le droit doit aider à résoudre, plus il est nécessaire qu'il soit fondé sur les principes de base, de la déontologie et de la morale, plus il est nécessaire que ces principes soient respectés dans l'élaboration et l'application de la loi.

C'est dans la société que l'homme se réalise pleinement. Il s'agit là d'une notion essentielle de la pensée juridique occidentale. Aristote, c'est connu, avait déjà défini l'homme comme un « zoon politicon », mettant ainsi en relief la signification que revêtent pour l'individu l'État et la société. Le droit, qui détermine la forme de la vie sociale, a donc pour objets : l'individu, l'État et la société.

La mesure du droit, c'est l'homme en tant qu'être créé à l'image de Dieu. Déjà Cicéron avait déduit la nature du droit de la nature de l'homme : *« Natura iuris... ab hominis repetenda (est) natura ». « La nature du droit... doit être tirée de la nature de l'homme »,* a-t-il écrit dans son livre *De legibus* (L. 1, chap. 5 et 17). Plus tard, il revenait au christianisme d'indiquer le fondement métaphysique de la dignité de l'homme en tant qu'« image de Dieu ». Et dans cette perspective, l'homme, reconnu comme cet être créé à l'image de Dieu, devient sujet et destinataire premier du droit.

Par la suite, de nombreux facteurs sont intervenus pour déterminer la place de l'homme dans le droit. Ainsi le processus de sécularisation, l'affaiblissement du sens moral, les problèmes aigus découlant de conditions de vie non dignes de l'homme et les mutations sociales ont provoqué une profonde évolution du droit moderne qui s'institue dans des sociétés civiles marquées par de multiples influences culturelles, idéologiques et politiques. Dans ce contexte de sociétés pluralistes, la législation de l'État a toujours pour but d'établir un cadre juridique assurant l'ordre et la sécurité, commun à tous les citoyens. Mais pour que l'État élabore et mette en place un système législatif qui n'écrase ni n'avilisse l'homme, il est indispensable que soit garantie la reconnaissance des droits fondamentaux de la vie publique et privée. Et, en cela, le Christianisme a apporté et apporte toujours une contribution primordiale.

Le Christianisme, en proclamant les vérités de la foi, révèle pleinement le mystère et la vocation de l'homme, fondement de sa rationalité, de sa liberté et de sa dignité, toutes trois étant les « paramètres » du droit. Du droit qui, selon Thomas d'Aquin, est *« objectum justitiae », « l'objet de la justice »* (*Summa Theologica* II - II, 57 a 1). La justice, cependant, ne sera pas authentiquement humaine si elle ne vise pas au respect de la dignité de l'homme et si le droit couvre l'abus de pouvoir, qui n'est autre qu'une application captieuse et inhumaine de la loi. Dans le premier cas, le droit est utilisé au détriment de l'autre, dans le second cas, le droit de l'État est exploité au détriment de la liberté et de la dignité de l'homme.

La religion confronte le droit à un ordre supérieur qui interpelle la conscience du chrétien et l'oblige. La religion incite le juriste à réfléchir, en tant que chrétien, sur les possibilités et les limites du droit. *« Dieu est pour nous en première ligne la mesure de toutes choses, beaucoup plus qu'aucun homme ne peut l'être »,* déclarait Platon dans *Nomoi* (L. 4, n. 716 C). Et, plus tard, saint Paul écrivait aux Éphésiens que *« toute paternité au ciel et sur la terre tire son nom »* de Dieu (3, 15). Cette pensée a été reprise par Pie XII dans le discours en français qu'il adressa aux participants au premier Congrès international de droit privé, le 15 juillet 1950 : *« tout droit,* leur dit-il, *a sa racine en Dieu ».*

Pour le juriste chrétien, il en résulte une obligation en conscience. Il doit empêcher tout usage abusif du droit et doit travailler en permanence à ce que l'autorité que le droit confère à l'État soit assise sur des bases morales et ordonnée au bien commun, à ce que la législation soit conforme à la dignité de l'homme et donc au dessein de Dieu. Il ne peut accepter une conception du droit sans lien avec la justice et, par conséquent, sans lien avec la liberté et la dignité de l'homme. Ne vivons-nous pas aujourd'hui en plein paradoxe ? D'une part, on en appelle aux droits humains et d'autre part ces droits n'ont aucune assise rationnelle éthique, philosophique et ontologique et, de ce fait, ils deviennent irrationnels, arbitraires et livrés aux contingences de la volonté de puissance. Jamais, on a tant proclamé universellement les droits de l'homme et des peuples, mais, en même temps, jamais ils n'ont été aussi souvent violés. Jean Paul II ne manque pas, d'ailleurs, de signaler ce paradoxe dans son encyclique *Redemptor hominis*, aux numéros 16 et 17 en particulier, ni de saisir toutes occasions qui s'offrent à lui pour affirmer ces droits, pour en rappeler le fondement et contribuer à leur réalisation en tous lieux.

Cette tâche est celle de tout chrétien, et avant tout des laïcs présents et engagés dans la vie publique. Le juriste catholique, notamment, a une immense responsabilité à ce sujet.

Son apostolat devrait se traduire aussi dans l'exercice d'une responsabilité politique au service du bien commun ; il devrait tendre à instaurer une législation qui protège les droits inaliénables de la personne humaine et à tout mettre en œuvre pour promouvoir dans les relations sociales, économiques et politiques, les valeurs de paix et de justice. Comme l'a enseigné saint Thomas, dans l'intérêt du bien commun, l'État, selon ses possibilités, doit s'employer à maintenir l'ordre et la sécurité, à favoriser l'essor culturel ainsi que la croissance économique et la protection sociale, en vue de répondre aux besoins de chaque personne et de la société. Dans cette perspective, le juriste catholique agira pour que soient garantis non seulement la sûreté de l'État mais aussi la stabilité et le progrès de la vie sociale. Dans ses efforts pour créer un ordre social juste, il veillera à ce que soit maintenu l'équilibre entre liberté et sécurité.

Mais il lui revient aussi une autre tâche apostolique : étant donné que, lors de l'élaboration des lois, l'opinion publique influe grandement sur leur contenu, le juriste catholique devra se préoccuper de former cette opinion publique à la lumière de l'enseignement social de l'Église, en particulier, de ces « grands textes » dont on n'épuisera jamais la richesse : l'encyclique *Pacem in terris,* véritable charte des droits de la personne humaine, l'encyclique *Populorum progressio,* qui nous invite à créer un ordre juridique international correspondant aux exigences du développement intégral et solidaire des peuples ; la constitution pastorale *Gaudium et spes* qui nous offre une vision chrétienne des divers domaines où s'exerce l'activité humaine. Je voudrais citer, enfin, le précieux enseignement de Jean Paul II sur le respect de la dignité et des droits élémentaires de l'homme, en particulier, le droit à la liberté religieuse dont *« la réalisation... est l'un des tests fondamentaux pour vérifier le progrès authentique de l'homme en tout régime, dans toute société, système ou milieu »* (*Redemptor hominis,* 17), droit dont la violation est une *« injustice radicale »* que le Saint-Père a dénoncée avec grande vigueur lors de son pèlerinage à Lourdes.

Tout en reconnaissant que, dans un État démocratique pluraliste, certains « compromis » sont parfois nécessaires, cet enseignement du magistère souligne fortement les principes fondamentaux desquels un juriste catholique ne peut s'écarter. Parmi ceux-ci, figurent principalement : le droit à la vie, y compris à la vie dans le sein maternel ; la protection du mariage et de la famille, de son unité, de sa vocation et de sa mission éducative ; la défense et la promotion de la liberté religieuse dans les divers secteurs de la vie sociale ; l'aide particulière et la justice dues aux plus faibles, aux opprimés.

Le juriste catholique devra encore contribuer à faire prévaloir une conception du droit basée sur l'éthique chrétienne, qui se manifestera dans la règlementation des trois fonctions de l'État : les fonctions législative, judiciaire et exécutive : dans la législation, au moyen de lois garantes du bien commun ; dans l'application de la justice, par la modération des sentences des tribunaux ; dans l'administration, par l'équité et l'efficacité requises ; et, dans les trois fonctions, en appliquant les normes juridiques sans jamais perdre de vue l'homme en tant que sujet et destinataire véritable du droit.

Enfin, il est important aussi que le juriste catholique aide les individus à connaître le contenu des lois pour qu'ils aient une conscience plus claire de leurs droits et de leurs devoirs.

Puisse cette esquisse du domaine si déterminant pour l'homme et la société où vous exercez votre profession, et des tâches qui vous y incombent, vous encourager et vous confirmer dans votre engagement. Si celui-ci est soutenu par une profonde vie spirituelle, par une solide formation professionnelle, éthique et théologique, par une analyse pénétrante de l'enseignement de l'Église, si vous l'assumez en communion avec les pasteurs de l'Église et en collaboration avec les autres chrétiens et leurs associations agissant dans les divers champs apostoliques de la vie sociale et politique, alors il sera un apport précieux à la réalisation de la mission de l'Église, à la construction de la paix en notre temps.

N'êtes-vous pas appelés à un titre spécial à être des artisans de paix ? Et cela, en raison même du lien étroit existant entre la justice et la paix ; lien que Pie XII, déjà, avait si bien exprimé dans la devise figurant sur son blason et que je crois bon de rappeler à l'occasion du 25e anniversaire de sa mort — célébré le 9 octobre dernier — et aussi, parce que, me semble-t-il, tout juriste pourrait la faire sienne : *Opus iustitiae pax*. La paix est le fruit de la justice.

Puissent donc les travaux de votre Colloque contribuer à affermir la paix si nécessaire de nos jours. Votre patrie d'abord en bénéficiera et, avec elle, l'Europe ainsi que l'entière communauté des peuples.

L'ENSEIGNEMENT DE L'ÉGLISE AU SECOURS DE LA PHILOSOPHIE DU DROIT

Rapport introductif
de Joël-Benoît d'Onorio

Directeur du Département des Sciences Juridiques
et Morales (Institut Portalis)
de la Faculté de Droit de l'Université d'Aix-Marseille III
Président de la Confédération
des Juristes Catholiques de France

« L'époque où les idées religieuses disparaissent
de l'âme des hommes est toujours voisine
de la perte de la liberté ;
des peuples religieux ont pu être esclaves,
aucun peuple incrédule n'a pu être libre ».
BENJAMIN CONSTANT
Du polythéisme romain, 1833

Les liens entre la religion et le droit sont anciens et constants. Leur union intime apparaît nettement dès le Code d'Hammourabi pour les Babyloniens, puis dans l'Ancien Testament pour les Juifs, dans le Coran pour les Musulmans et dans les « sastras » pour les Hindous. En Occident non plus, le droit n'est pas resté étranger à la religion parce que celle-ci n'a pas été étrangère à la société. Le christianisme, qui est de tous les temps, n'est pas pour autant intemporel. On sait le rôle qu'il a joué dans la culture européenne dont la foi chrétienne a été la mère, la *« genitrix »* comme se plaît à le rappeler si souvent le pape Jean Paul II[1]. La rencontre du droit romain et de la religion chrétienne a été à l'origine du progrès de notre civilisation, du perfectionnement de nos institutions et de l'affinement de nos conceptions. Si bien qu'il est devenu évident qu'*« entre la véritable science juridique et l'enseignement de la foi chrétienne, il n'y a pas opposition mais concordance »*[2].

Le rappel des origines religieuses de notre droit, au moyen de l'exhumation de ses racines chrétiennes, souligne, par le fait même, sa dette à l'égard de notre passé religieux, en une période de notre vie nationale où l'histoire et la religion sont bien mises à mal... Pourtant, ce sujet ne doit pas être cantonné au domaine historique. Il doit être replacé dans toute son actualité et, nous le verrons, dans toute sa nécessité. Dès lors, des objections pourraient s'élever à l'encontre de cette

1. Cf. notamment les discours à l'UNESCO (2 juin 1980), à Vienne (13 septembre 1983) et à la 76e rencontre à Rome du « Cercle de Bergedorf » (17 décembre 1984).

2. Pie XII, *Le Droit et la Foi,* discours aux juristes catholiques d'Italie (6 novembre 1949). La Documentation catholique (D.C.) n° 1057, col. 1539.

liaison entre religion et droit que d'aucuns qualifieraient facilement de dangereuse, voire d'anachronique dans un pays qui se veut une république laïque depuis plus d'un siècle, et socialiste depuis quelque temps... Le reproche serait vite fait de vouloir, de la sorte, ressusciter un passé définitivement révolu, restaurer une « religion d'État », ou imposer un droit religieux. En outre, au sein même du catholicisme français, il ne serait pas surprenant de voir certains arguments hostiles repris en compte et aggravés de l'accusation ou de la suspicion de collaborer à la restauration par Jean Paul II d'une « Église triomphante » qui constitue – on nous le dit assez ! – le plus abominable des péchés... Il n'est pas rare non plus d'entendre soutenir qu'un droit inspiré par la religion était concevable dans l'enfance de la civilisation, mais qu'un droit libéral et laïque convient mieux à une civilisation parvenue à l'âge adulte.

Ces critiques paraissent bien superficielles quand on s'attarde un peu sur la réalité contemporaine : car, si elle s'est délestée de ses pesanteurs temporelles, la religion chrétienne conserve un rôle dans la vie sociale caractérisée par une sécularisation croissante du droit. En outre, on peut difficilement amputer le vaste domaine de la philosophie du droit de sa partie métaphysique ; en effet, comment connaître les fins du droit si on méconnaît les fins de l'homme ? Certes, le droit s'inscrit dans l'autonomie du temporel qui, en tout état de cause, demeure un principe respectable. Cependant, la notion même de temporel sous-tend et appelle celle de spirituel. Car, si la fonction du droit n'est pas d'apporter le salut éternel aux hommes mais seulement d'assurer le bien commun de la société, à tout le moins ne doit-elle point constituer un obstacle à l'obtention des fins dernières. Le droit ne peut pas faire l'économie d'une philosophie de la personne humaine, de son donné axiologique et donc de son *« ouverture à l'Absolu »*[3].

C'est dire que le rapport entre la religion et le droit conduit à s'interroger sur les liens qui unissent celui-ci d'une part à Dieu et d'autre part à l'État.

1. *Dieu et le Droit*

Aussi surprenant que cela puisse paraître, on peut affirmer que Dieu est au cœur du droit. L'idée de droit postule, en effet, celle de rectitude de l'acte qui fait la loi (car il ne faut pas confondre droit et

3. Paul VI, encyclique *Populorum progressio* (1967) n° 42 ; Cf. aussi saint Thomas d'Aquin : *« ... omnia intendunt assimilari Deo »* (Somme contre les Gentils, 3. 17-20).

loi) et de son appréciation par rapport à la notion de justice, puisque le droit peut se définir *ars aequi et boni* selon Celse, ou bien encore *objectum justitiae* selon saint Thomas d'Aquin. Or, les concepts de bon et de juste ne peuvent trouver leur source qu'en Dieu qui est l'expression la plus parfaite de toute science et de toute justice, le paramètre divin de tout jugement humain.

De même, on ne peut séparer Dieu de Jésus-Christ en qui il s'est révélé aux hommes, ni de l'Église à qui il a confié sa Révélation ; d'où la double dimension, christologique et ecclésiologique, du droit.

A. La dimension christologique du Droit

C'est donc en relation avec Dieu quc doit être évalué le concept de droit. En effet, le droit étant destiné à régler les rapports mutuels au sein du genre humain, le bon ordre de la création doit être conforme à la volonté du Créateur. C'est pourquoi le droit a sa racine en Dieu qui est, comme l'écrivait déjà Platon, *« en première ligne, la juste mesure de toute chose, beaucoup plus qu'aucun homme ne peut l'être »*[4]. Ainsi s'explique le théocentrisme du droit et son fondement théologique[5]. C'est toujours en référence à Dieu que tout acte juridique doit être posé et examiné ; car si Dieu est reconnu comme Dieu, c'est-à-dire principe premier et régulateur du monde, on ne pourra faire abstraction de sa Révélation en laissant, pour ainsi dire, le monde tourner à vide.

D'ailleurs, la première expression du droit fut religieuse à travers les agents, les rites et les formulations du sacré ; la vie personnelle et sociale primitive est constituée d'une série de prescriptions et d'interdits. Dans la Bible, les notions de droit, de justice et de Loi forment l'armature de l'Ancien Testament. La Loi *(« Thora »)* est l'expression de l'Alliance nouée au Sinaï par Dieu avec Israël (Ex 20, 2-17) : le peuple élu reçoit le Décalogue comme la Parole de Dieu qui fixe des exigences auxquelles il faut accorder la foi et les mœurs. Celles-ci sont tenues par le Code de l'Alliance sur les autels, les esclaves, l'homicide, les coups et blessures, la propriété, la vie morale et religieuse (Ex 20, 21 et suiv.), révélant, de la sorte, le droit et la justice de Dieu. En vertu de sa souveraineté absolue, Dieu, *« le juge intègre »* (Ps 7, 12), décide de ce qui est juste (Ps 74, 8), et assure le juste dans son bon droit

4. « Nomoï », 3, 4.

5. Cf. Jacques Ellul, *Le fondement théologique du droit*, Cahiers théologiques de l'actualité protestante, n° 15-16, Ed. Delachaux et Niestlé, Neuchâtel-Paris 1946 (ouvrage remarquable si on rétablit ce qui doit l'être selon la vérité de la foi catholique).

(Ps 36, 6). La Loi mosaïque sera amplifiée par les nouvelles Tables de la Loi (Ex 34), le Code lévitique (Lv 17-26) et le Code deutéronomique (Dt 12, 26) qui alimenteront toute la tradition orale des docteurs de la Loi, avec ses déviations d'idolâtrie juridique et de légalisme pharisaïque.

A l'avènement de Jésus-Christ, ces déviations seront dénoncées ; cependant, la Loi ne sera pas abolie mais accomplie (Mt 5, 17) et le Sermon sur la montagne vient relier la Loi nouvelle à la Loi ancienne. Jésus, *« né sujet de la loi »* (Ep. aux Galates 4, 4) et *« mort selon cette loi »* (Jn 19, 7), est devenu la Justice de Dieu (1re Epître aux Corinthiens 1, 30). En effet, il a repris à son compte tout le péché du monde, qui est l'infidélité d'Israël à la Loi du Seigneur, pour assurer le rachat du genre humain, satisfaire la Justice divine et, simultanément, en manifester la miséricorde infinie. Par sa mort, le Christ cloue la dette de l'humanité au bois de la Croix pour *« annoncer la Justice aux païens »* (Mt 12, 18). Par son sacrifice, *« Il est celui qui a fait éclater l'injustice radicale de la justice des hommes (par exemple, dans le procès devant Pilate) et, en même temps, il a authentifié cette justice en s'y soumettant »*[6]. Par son incarnation, sa prédication et sa crucifixion, Jésus défie tous les raisonnements humains et édifie une conception entièrement nouvelle du droit et de la justice par la révélation de la loi d'amour. La faute originelle, première infraction de l'humanité contre la loi de Dieu, est effacée sur ce *« lignum crucis in quo salus mundi pependit = bois de la croix dont dépendait le salut du monde »*[7].

Si bien que, par l'œuvre de la Rédemption, est engendrée une humanité nouvelle dont le Fils de Dieu est la pierre d'angle : *« en fait de fondement, personne ne peut en poser d'autre que celui qui a déjà été placé : Jésus-Christ »* (1 Co 3, 11). Dieu est en Jésus-Christ le fondement du droit : en effet, pour reprendre les fortes paroles du juriste et théologien protestant Jacques Ellul : *« Tous les caractères de la Justice de Dieu sont unis et réalisés dans la vie, la mort et la résurrection de Jésus-Christ (...) il n'y a donc aucune justice d'aucune sorte, pas même relative, hors de Jésus-Christ (...) il ne saurait y avoir d'étude du droit en-dehors de Jésus-Christ »*[8].

Le Christ est le parangon de la Justice car il l'exerce *« in nomine Domini »*, ainsi qu'il le déclare à ses disciples : *« Le Père ne juge personne mais il a remis au Fils le jugement tout entier (...), il lui a donné*

6. Ibidem, p. 29.
7. Antienne de la messe des Présanctifiés du Vendredi saint.
8. J. Ellul, op. cit., p. 30.

le pouvoir d'exercer le jugement parce qu'il est le Fils de l'Homme (...), mon jugement est juste parce que je ne veux pas faire ma volonté mais la volonté de Celui qui m'a envoyé » (Jn 5, 22-27-30). Vrai Dieu et vrai homme, il lui revient d'arracher l'humanité infidèle et pécheresse à Satan sous l'emprise de qui elle s'est condamnée, mais une humanité que, dans son amour infini, Dieu veut se réconcilier. Cette réconciliation passe par la voie d'un jugement par Jésus-Christ et d'une justification en Jésus-Christ : *« La justice éternelle est devenue, en lui, justice temporelle, parce que lui, qui accomplit la justice divine, assume en même temps la justice humaine et que, par là, nous avons la réponse esquissée à la difficile question : qu'est-ce que cette justice de Dieu peut bien avoir à faire avec notre droit ? Elle a à faire que Jésus-Christ, à cause de son incarnation, est le lieu où la justice de Dieu rencontre la justice de l'homme »*[9].

Il n'y a pas, dans toute l'histoire de l'humanité, d'acte plus solennel, plus capital, plus fondamental que ce jugement rédempteur du monde où se sont exprimés, dans toute leur plénitude, le Droit de Dieu sur la création et sa Justice envers la créature. Aussi peut-on affirmer avec Jacques Ellul qu'*« on ne peut comprendre le droit si l'on ne place au centre la croix de Jésus-Christ »*[10]. Force est de reconnaître que le Rédempteur de l'homme est *« le centre du cosmos et de l'histoire »*[11]. C'est donc à l'aune divine que doit être passée la justice humaine. Il semble donc fondé de compléter le vieil adage *ubi societas, ibi jus* par celui-ci encore plus vrai : *ubi jus, ibi Deus !*

Et, corrélativement, on peut affirmer aussi : *nihil Deus, nihil jus,* sans Dieu il n'y a plus de droit ; car il est faux de prétendre, avec Jean Paul Sartre, que si Dieu n'existe pas, tout est permis, parce qu'en vérité si Dieu n'existe pas, rien n'existe, ni le permis, ni le défendu ; il n'y a plus de valeurs fondamentales, ni de système de référence, ni d'ordre objectif universel. C'est le règne du subjectivisme le plus radical qui fait de chacun son propre législateur, individualiste, égoïste, jouisseur et capricieux. En effet, la pertinente objection de Pie XI demeure : *« Comment peut tenir un contrat quelconque et quelle valeur peut avoir un traité là où manque toute garantie de conscience ? Et comment peut-on parler de garantie de conscience là où a disparu toute foi en Dieu ? Cette base enlevée, toute loi morale s'écroule avec elle et il n'y a plus aucun remède qui puisse empêcher de se produire*

9. Ibidem, p. 31.

10. Ibidem, p. 34.

11. Jean Paul II, encyclique *Redemptor hominis,* (1979).

peu à peu mais inévitablement la ruine des peuples, des familles, de l'État, de la civilisation même ! »[12]. Séparer le droit de Dieu est davantage qu'une mutilation, c'est un effondrement de tout droit.

Si donc la source originaire du droit est Dieu, la connaissance de l'un devrait permettre de parvenir à la connaissance de l'autre. L'Église, aidant les hommes à connaître Dieu, à l'aimer et à lui être fidèles, les relie ainsi à l'origine du droit et contribue à sa découverte ontologique.

B. La dimension ecclésiologique du Droit

Plongeant ses racines dans l'Ancien Testament et investie de la mission de propager l'Évangile de Jésus-Christ, l'Église ne pouvait faire différemment que d'être elle-même imprégnée par le concept de droit qui, on vient de le voir, est sous-jacent à toute l'économie du Salut. De surcroît, insérée dès sa naissance dans le monde romain fortement marqué par le droit, elle s'est distinguée, plus que toute autre institution, par un constant attachement aux principes et aux maximes du droit.

Il est vrai qu'elle y était prédisposée dans la mesure où l'Église est une institution de droit divin positif, c'est-à-dire expressément voulue par Dieu pour rassembler la communauté des croyants autour du dépôt authentique de la Foi directement reçue des Apôtres et pour répandre l'Évangile à travers le monde et les temps. Outre ce droit divin positif révélé par Dieu et contenu dans l'Écriture et la Tradition, l'Église est soumise aussi au droit divin naturel applicable à toute la création. Mais, société composée d'hommes, l'Église a dû se doter aussi d'un droit humain complétant sa constitution divine et formé du droit apostolique établi par les Apôtres, et du droit canonique élaboré par leurs successeurs. C'est dire que le droit a, en grande partie, façonné la face visible de l'Église romaine où il a toujours occupé une place si privilégiée qu'on a pu parfois y déceler un certain juridisme.

Pourtant, la nature et la finalité de l'Église ne s'épuisent pas dans le droit car l'Évangile n'est pas un code, et la théologie ne se réduit pas à des lois, ni la morale à de simples règles de conduite. Interprète de la loi divine et experte en matière juridique, l'Église a toujours cherché à exercer une influence dans le domaine du droit des sociétés civiles en favorisant l'instauration de ce qu'on pourrait appeler un droit chrétien.

12. Encyclique *Caritate Christi,* (1932).

13. Même les anciens États pontificaux étaient régis par un droit propre distinct du droit canonique. De nos jours encore, l'État de la Cité du Vatican, bien qu'ayant le Saint-Père

On se demandera ce que peut bien signifier, à notre époque, l'expression « droit chrétien ». Il ne saurait s'agir d'un droit d'Église, c'est-à-dire un droit de la société ecclésiale extensible à la société civile. Le droit canonique se rapporte à l'organisation ordonnée de la communauté catholique et ne concerne en aucune façon le gouvernement de la communauté nationale. De plus, il n'est pas un droit divin, mais seulement un droit humain, rédigé de toutes pièces par l'Église qui peut constamment le modifier[13]. En effet, bien que fondé sur les principes de la Révélation, le droit canonique n'est pas partie intégrante de celle-ci, à la différence, par exemple, du droit musulman qui, faisant un tout avec la foi islamique, rejette dans l'hérésie tous ceux qui n'appliquent pas ses prescriptions auxquelles aucune autorité n'est habilitée à déroger[14].

On ne conçoit pas non plus que le droit chrétien soit un droit codifié réglant toutes les activités juridiques de la société, car le christianisme ne se réduit pas à un catalogue de commandements et de prohibitions, qui serait à prendre ou à laisser par un système juridique donné. La Bible n'est pas un modèle d'organisation législative ou politique ; les institutions du peuple élu d'Israël telles qu'elles apparaissent dans l'Ancien Testament ne concernent, à l'évidence, qu'un peuple précis à une époque donnée ; elles ne sont aucunement transposables à tous les peuples pour tous les temps[15]. Dans la Loi ancienne, saint Thomas d'Aquin a, en effet, distingué trois catégories de lois : les préceptes moraux *(« moralia »)*, les préceptes cérémoniaux *(« ceremonalia »)* et les préceptes juridiques *(« judicialia »)* ; *« ceremonalia »* et *« judicialia »* ayant été abolis par l'avènement du Christ[16], restent seulement les *« moralia »* repris par la nouvelle loi de l'Évangile.

Or, c'est ici que s'élèvent les critiques à l'encontre de la notion de « droit chrétien ». Selon le professeur Ellul, *« le droit ne saurait avoir un contenu chrétien. Le droit, en effet, est institué pour tous, ceux qui croient et ceux qui ne croient pas »*, sinon *« cela suppose que des non chrétiens peuvent accepter la volonté de Dieu et vivre comme des*

comme Souverain, est gouverné par des lois particulières (Cf. Winfried Schulz, *Legge e disposizioni usuali dello Stato della Città del Vaticano*, Ed. de l'Université Pontificale du Latran, Coll. « Utrumque jus », 2 vol., Rome 1981 et 1982). Le Code de Droit Canonique y reste cependant l'une des sources du droit (Cf. Loi vaticane du 7 juin 1929, art. 1).

14. Cf. René David, *Grands systèmes de droit contemporains*, Précis Dalloz, 8e édition, Paris 1982, pp. 472-473.

15. Cf. Jacques Ellul, « Quelle est la signification de la Révélation chrétienne pour le droit positif ? » in *« La Révélation chrétienne et le droit »*, Annales de la Faculté de Droit et des Sciences Politiques et Économiques de Strasbourg, Ed. Dalloz, Paris 1961, p. 43.

16. *« Sunt evacuata per adventum Christi » (« Summa Theologica »*, Ia IIae Qu. 104, art. 3).

chrétiens »[17]. Le juriste protestant est rejoint dans sa critique par un juriste catholique, le Professeur Michel Villey, pour qui *« le droit de la société séculière doit être le bien commun de tous, donc il ne peut être fondé sur la croyance religieuse »*[18]. M. Villey enchérit en expliquant que la loi évangélique concerne le monde surnaturel d'ordre non juridique, alors que la loi humaine s'applique au monde temporel d'ordre juridique[19].

Certes, il faut admettre avec saint Thomas la différence de nature, et non simplement de degré, entre les finalités des deux lois : *« alius finis legis humanae et alius legis divinae. Legis humanae finis est temporalis tranquillitas civitatis... Finis autem legis divinae est perducere hominem ad finem felicitatis aeternae »*[20]. Il est vrai aussi que l'Évangile est une loi d'amour entre Dieu et les hommes, loi de grâce et de perfection, loi de charité et de vérité. C'est dire qu'il se laisse difficilement contenir dans nos pauvres formules de droit. Dans ce sens, on peut même faire valoir une certaine tendance à *« l'étiolement et au dépassement du droit »*[21] dans l'enseignement évangélique par l'appel au pardon des offenses, à la pratique constante de la charité, à l'abstention de jugement envers autrui, à la miséricorde pour le pécheur, etc. Pourtant, il est impossible d'imaginer que la religion chrétienne, qui embrasse toute l'existence humaine tant privée que publique, puisse rester étrangère à la conduite de la vie sociale et muette sur les principes qui la gouvernent. Saint Thomas lui-même le dit et M. Villey le reconnaît : *« Rien dans le monde n'est absolument étranger à la sphère de la théologie. Tout l'ordre naturel est contenu dans le plan divin »*[22]. Toutefois, M. Villey pense que la foi chrétienne n'est, pour le travail du juriste, que *« le secours d'une inspiration diffuse »*[23] et que ce n'est que par la charité, donc de manière indirecte, que le christianisme agit sur les institutions juridiques, en transformant les cœurs et donc les mœurs[24].

A la vérité, ces objections tombent d'elles-mêmes si on prend la peine de définir le droit chrétien dont on a déjà dit qu'il n'est pas un

17. J. Ellul, *Le fondement théologique du droit*, cit. p. 9.

18. Michel Villey, *La Révélation chrétienne et le Droit*, cit. p. 8.

19. Michel Villey, « L'Écriture Sainte comme source du droit dans la Somme théologique de saint Thomas d'Aquin », in *La Révélation chrétienne et le Droit*, cit. pp. 73-74.

20. *Summa theologica*, Ia IIae Qu. 98, art. 1, resp.

21. R. David, op. cit., p. 472 : cf. aussi M. Villey, op. cit., p. 12, Jean Carbonnier, « La Bible et le Droit », in *La Révélation chrétienne et le Droit*, cit. pp. 128-129.

22. M. Villey, op. cit., p. 65.

23. Ibidem.

24. Idem, p. 9.

droit confessionnel. Pour dissiper toute équivoque ou toute appréhension, il faut ajouter qu'il n'est pas non plus un droit inspiré du sacerdotalisme médiéval, de même qu'un prince chrétien ne saurait être un prince clérical. Le droit chrétien peut être défini comme un droit directement inspiré par les principes du christianisme. Il s'agit donc d'un système de philosophie juridique qui puisse servir de référence doctrinale *« de jure condendo »*. Ce droit spéculatif a naturellement vocation à devenir éventuellement un droit positif. C'est en ce sens que Léon XIII a pu affirmer, non sans quelque nostalgie : *« Fuit aliquando tempus cum evangelica philosophia gubernaret civitates = il fut un temps où la philosophie de l'Évangile gouvernait les États »*[25]. C'est en relation avec cette situation qu'on a pu opposer le *« droit chrétien »* au *« droit moderne »*[26], comme l'avait d'ailleurs fait expressément Léon XIII lui-même, désignant sous ce dernier vocable la sécularisation de la société et la laïcisation du droit au XIXe siècle.

Le fond du débat consiste le plus souvent à savoir si un droit chrétien, c'est-à-dire donc un droit inspiré par la philosophie chrétienne, peut être introduit ou, selon les cas, maintenu dans une société qui n'est plus entièrement chrétienne. Or, ce n'est pas en ces termes que doit être posée la question, car on peut discuter sur ce qui constitue une société chrétienne ; se contente-t-on de la présence d'une majorité de baptisés ? Auquel cas les pays d'Europe et des deux Amériques sont restés des sociétés chrétiennes ; ou bien exige-t-on une majorité de chrétiens pratiquants ? alors, les sociétés chrétiennes se sont réduites à leur plus simple expression dans la plupart des États contemporains, si du moins on accorde quelque crédit aux enquêtes sociologiques. En réalité, ces critères, même s'ils s'avéraient opérationnels, ne résoudraient point la difficulté de l'objection de la soumission à un droit chrétien de sujets non chrétiens même minoritaires, car le respect de la loi civile pour les convictions religieuses et philosophiques n'est pas affaire de majorité ou de minorité, il s'impose partout et pour tous.

Aussi, ne pouvant s'apprécier sur le plan numérique, une société ne peut être qualifiée de chrétienne qu'en rapport avec sa culture, son type de civilisation. Dès lors, il ne répugne pas à ce que des pays imprégnés de christianisme dans « les arts, les armes et les lois » comme disait le poète, conservent un système juridique fondé sur le droit

25. Encyclique *Immortale Dei* sur la constitution chrétienne des États (1885).

26. Cf. Mgr Maurice d'Hulst, *Le droit chrétien et le droit moderne*, Librairie Poussièlgue frères, Paris, 1886.

chrétien. Cela apparaît encore plus évident si la question de l'opportunité du droit chrétien pour une société peu ou pas chrétienne est posée de manière à la fois plus simple et plus radicale, à savoir si les principes chrétiens sont en soi bons ou mauvais pour la société.

On s'aperçoit aussitôt que c'est du droit chrétien que relèvent des principes aussi sains et profitables à tous que, notamment, le respect de la dignité de la personne humaine (y compris dans sa vie pré-natale), l'équité dans les jugements, la bonne foi et le respect de la parole donnée dans les contrats, les notions de bien commun et de justice sociale, la sauvegarde de la famille, la protection et l'accueil des pauvres, l'autorité conçue et exercée comme le service de la collectivité[27], la double finalité individuelle et sociale de la propriété, la pratique de la vertu de charité dans les rapports sociaux, la morale internationale, le règlement pacifique des conflits, etc. En outre, convient-il de rappeler que le droit chrétien, à la différence d'autres droits d'origine religieuse, est un droit de liberté dans la mesure où il a introduit dans la Cité la délimitation du divin et de l'humain, du sacré et du profane, de l'Église et de l'État[28].

Ce bref inventaire suffit, semble-t-il, à démontrer que non seulement le droit chrétien est valable pour une société chrétienne, mais encore qu'il est hautement souhaitable pour toute société ; aussi peut-on affirmer avec Léon XIII que *« partout où l'Église a mis le pied, elle a immédiatement changé la face des choses et introduit dans les mœurs publiques, avec des vertus jusqu'alors inconnues, une façon de vivre nouvelle et exquise »*[29]. La valeur intrinsèque et universelle du message chrétien a été excellemment mise en lumière par saint Augustin dans son interpellation directe de l'Église : *« Tu apprends aux rois à veiller aux intérêts des peuples, et aux juges à se soumettre à l'autorité des rois. Tu enseignes soigneusement à qui est dû l'honneur, à qui l'affection, à qui le respect, à qui la crainte, à qui la consolation, à qui l'avertissement, à qui l'exhortation, à qui la discipline, à qui la réprimande, à qui le châtiment, et tu fais voir comment, si toutes ces choses ne sont pas dues à tous, à tous est due la charité et à personne l'injustice »*[30]. Si bien que l'objection évoquée plus haut a déjà trouvé sa réponse dans le même saint Augustin qui écrivait : *« A*

27. Cf. notre article *Réflexions peu conformistes sur l'autorité dans la société*, Revue de la Recherche Juridique, Université d'Aix-Marseille, III, 1983-1, pp. 101-122.

28. Cf. notre rapport introductif « La problématique institutionnelle des relations entre l'Église et l'État », in *L'Église et l'État en France* (Actes du IIIe Colloque national des Juristes Catholiques, 1982), Ed. Téqui, Paris 1983, pp. 26-33.

29. Encyclique *Immortale Dei*.

30. *De moribus Ecclesiae catholicae*, chap. 30, n° 63.

ceux qui prétendent que la doctrine du Christ est contraire au bien de l'État (« reipublicae »), nous demandons de nous donner une armée composée de soldats tels que la doctrine du Christ exige qu'ils soient, qu'ils nous donnent des gouverneurs de provinces, des maris, des épouses, des parents, des fils, des maîtres, des serviteurs, des rois, des juges, des tributaires et des percepteurs du fisc tels que les veut la doctrine chrétienne, et qu'ils osent dire ensuite que cette doctrine est contraire au bien de l'État ou plutôt qu'ils reconnaissent les éminents services qu'elle rendrait à la société civile si elle était partout obéie »[31]. On peut à tout le moins s'étonner que, de nos jours, on parle sans difficulté de droit musulman ou coranique, de droit hébraïque ou talmudique[32], mais qu'on se refuse à concevoir l'idée même d'un droit chrétien ou d'une philosophie chrétienne du droit. Il est vrai que certains de nos intellectuels voient dans l'intégrisme musulman une forme raffinée de civilisation du moment qu'ils peuvent lui accoler l'épithète « socialiste »...

Le droit chrétien ainsi défini et circonscrit est donc applicable aussi bien aux chrétiens qu'aux non chrétiens car, encore une fois, ses règles ne relèvent pas du droit confessionnel mais du droit naturel qui est le point de rencontre et d'entente entre croyants et incroyants. On voit aussitôt que les réserves des éminents auteurs précités reposent, en réalité, sur un malentendu. On rejoint, en effet, leurs préoccupations et en même temps on y répond au moyen des *« communia »* de saint Thomas, ces principes généraux et universels, communs à tous les hommes puisque la loi naturelle est, par essence, la même pour le chrétien et pour le non chrétien[33] ; chacun peut la découvrir, pour les affaires temporelles (que saint Thomas appelle la *« beatitudo imperfecta »),* par l'usage de la raison fondée sur l'observation et l'expérience, *« per sua naturalia »,* selon l'expression de l'Aquinate[34]. Ce n'est que pour les affaires spirituelles *(« beatitudo perfecta »)* que la foi et la Révélation, et donc aussi l'Église qui en est dépositaire, sont indispensables. Dès lors, sont respectées tout à la fois l'autonomie de l'ordre temporel, la liberté des croyances et des incroyances ainsi

31. Epistula 138, al. 5, *Ad Marcellinum,* cap. 2, n° 15.

32. Cf. *Religion, philosophie et droit,* Actes du XVIe congrès de l'Institut International de droit d'expression française (Rabat, 20-27 novembre 1983), Revue Juridique et Politique - Indépendance et Coopération, 1984, n° 2.

33. Ia IIae Qu. 94.

34. Ia IIae Qu. 5, art. 5, resp.

qu'une saine laïcité du droit et de l'État au sens où l'entendaient Pie XII et Paul VI[35].

Mais ceci ne veut pas dire pour autant que l'Église doive rester silencieuse sur les questions temporelles car, s'il est vrai que le droit naturel existait bien avant l'apparition du christianisme, celui-ci l'a entièrement assumé de telle sorte qu'il est courant d'employer l'expression « droit naturel et chrétien ». Beaucoup de principes qui passent, aujourd'hui, pour relever de la foi chrétienne et donc applicables seulement à ceux qui la partagent, sont en fait des principes de droit naturel que le christianisme ne pouvait pas ne pas avaliser. C'est pourquoi, au sein d'une société qui a perdu son homogénéité religieuse, il sera fait plus volontiers référence au droit naturel qu'au droit chrétien, en vue d'un plus large consensus autour de la règle de droit. On n'oubliera pas, toutefois, que le droit chrétien, en reprenant le droit naturel à son compte, l'a perfectionné en le rattachant, grâce à la Révélation[36], à son origine divine puisque la loi naturelle n'est jamais que la partie de la loi divine qui est accessible à l'homme par sa seule intelligence. Ainsi apparaît la dimension ecclésiologique du droit dans la mesure où l'Église, jadis civilisatrice de l'Occident, est demeurée la seule autorité à rappeler inlassablement la valeur positive du droit naturel. Est donc pleinement justifiée l'élaboration d'une « doctrine sociale chrétienne », contestée à tort par M. Villey[37] car elle ne saurait en aucune manière se confondre avec un programme politique ni constituer un traité de droit positif. Elle reste dans les limites des principes fondamentaux de la morale sociale, faute de quoi l'Église s'immiscerait indûment dans le temporel auquel d'autres institutions et d'autres autorités sont préposées. Il revient de surcroît à l'Église de donner l'exemple en vivant elle-même l'enracinement théologique du droit et de sa doctrine sociale, de telle sorte que nombre de ses institutions et de ses concepts juridiques puissent susciter l'admiration et l'imitation des systèmes étatiques où l'on peut encore déceler des influences chrétiennes. Dans ces conditions, le droit chrétien ne se limitera plus à des grands principes du droit, mais pourra se manifester aussi dans tout un ensemble de traditions et d'institutions chrétiennes de droit positif.

35. Pie XII, Allocution à la colonie des Marches à Rome (23 mars 1958), D.C. n° 1275 du 13 avril 1958, col. 456 ; Paul VI, Allocution pour la Fête-Dieu (17 juin 1965), D.C. n° 1451, col. 1169.

36. Cf. Jacques Leclercq, *Leçons de droit naturel,* 3e éd. Louvain 1948, Tome I, *Le fondement du droit et de la société,* pp. 73-83. Cependant, l'auteur met fort opportunément en garde les catholiques contre le danger de faire du droit naturel séparé du droit surnaturel, au

Toutefois, le magistère de l'Église ne se borne pas à l'énonciation de normes générales de référence ; il lui incombe aussi de rappeler la dépendance de tout législateur humain et de tout sujet de droit au regard de la souveraineté de Dieu en qui le droit trouve son fondement, sa cause et sa fin. Car c'est de Dieu que l'homme tient son habilitation législative pour l'ordonnancement des choses de ce monde. Le législateur divin a donné délégation au législateur humain, mais pour un champ de compétence qui ne saurait excéder les limites de la loi naturelle parce que, comme le souligne saint Thomas d'Aquin, *« ... si quelque chose répugne en soi au juste naturel, la volonté humaine ne peut pas le rendre juste. Il en serait ainsi si le législateur permettait de voler ou de commettre l'adultère. Voilà pourquoi Isaïe dit : " Malheur aux auteurs de lois iniques ! " »*[38]. L'Église est alors automatiquement conduite à confronter chaque système juridique en tous ses éléments (traités, lois, règlements) aux normes fondamentales du droit chrétien c'est-à-dire au droit naturel et à l'Évangile. Elle exerce dès lors une fonction critique du droit, non pas tant en son nom propre comme société spirituelle en quelque sorte concurrente de la société civile, encore moins comme communauté de foi distincte de la communauté de nation, mais en vertu du Message et du droit divins dont elle est porteuse, exclusive dépositaire et authentique interprète.

C'est à ce titre de gardienne de la loi naturelle qu'elle s'estime devoir intervenir dans les rapports entre l'État et le droit.

2. *L'État et le Droit*

Pour avoir, dans un premier temps, tenté d'imaginer un droit naturel sans Dieu, c'est-à-dire sans fondement divin, la pensée moderne en est arrivée à établir un droit sans référence au droit naturel, c'est-à-dire sans fondement du tout.

A la place laissée béante par l'éviction de Dieu, s'est engouffré l'État. Soumis à la libre discrétion de celui-ci, le droit est dès lors en recherche permanente d'autojustification. Aussi comprend-on ses multiples errances et les résultats toujours vains auxquels ont abouti le positivisme juridique et le pluralisme législatif.

risque d'oublier les principes révélés et d'acquérir une mentalité rationaliste (p. 78). Cf. aussi Giovanni Ambrosetti, *Y a-t-il un droit naturel chrétien ?* Archives de Philosophie du Droit, tome XVIII, *Dimensions religieuses du droit,* Sirey 1973, p. 81.

37. M. Villey, op. cit., p. 83.

38. *Somme théologique* IIa IIae, 57, 2, ad. 2.

A. Le positivisme juridique

La notion de « droit » évoque une faculté d'agir à laquelle personne ne peut s'opposer sous peine de manquement grave au devoir. Les Latins liaient le droit *(« jus »)* au simple commandement *(« jubendum »* = ce qui doit être commandé) ; ce faisant, ils préfiguraient la conception positiviste de la légalité selon laquelle toute loi réclame l'obéissance : *« jubetur, ergo jus est »* : on ordonne, donc c'est le droit. La conception chrétienne est toute différente car elle exige un préalable, celui de la rectitude intrinsèque de l'acte qui fait la loi et qui, seule, lui permettra de se réclamer du droit : *« jus est, ergo juberi potest »* : c'est le droit, donc on peut obéir, proposition qui a pour corollaire inverse : *« justum non est, ergo non jubetur »* : ce n'est pas juste, ce n'est pas le droit, donc on n'ordonne pas et on n'obéit point. Il apparaît clairement que la conception chrétienne du droit suppose la distinction entre le droit et la loi.

La réduction du droit à la loi est due d'abord aux philosophes du XVIIIe siècle, notamment Kant qui voulut évacuer toute métaphysique de la règle morale pour lui attribuer un fondement individualiste, puis Rousseau qui transforma le droit en un « contrat social » et le soumit à la volonté générale, permettant à Saint-Just de soutenir que *« hors des lois, pas de droit »* et à Hobbes et Hegel de prétendre qu'il n'y a de droit que lorsqu'il y a État. La loi de la majorité devint la source du droit et celui-ci se concentra tout entier dans la loi écrite. Lors des grandes codifications du XIXe siècle, les Universités, qui jusqu'alors enseignaient le droit comme un modèle d'organisation politique et sociale, comme un *« sollen »* (ce qu'il faut faire) et non comme un *« Sein »* (ce qui se fait)[39], se sont moins concentrées qu'on ne l'a dit sur une étroite exégèse du Code civil[40] pour davantage doubler leur positivisme législatif d'un nationalisme juridique, en dressant des frontières étatiques dans un droit dont on avait oublié la vocation universelle, à tout le moins la dimension occidentale : *« Le droit a pu se confondre avec l'ordre du Souverain, il a cessé de se confondre avec la justice »*[41]. Le droit ne coïncida plus avec le juste, mais avec le légal.

Le droit législatif illimité sera systématisé par Hans Kelsen qui demeure le maître contemporain du normativisme juridique. On a

39. R. David, op. cit., p. 41.

40. Cf. Philippe Rémy, *Éloge de l'exégèse,* Revue de la Recherche Juridique, Aix, 1982-2, pp. 252-254.

41. R. David, op. cit., p. 65-66.

ainsi perdu de vue la notion d'objectivité essentielle du droit que nous ont léguée Aristote et saint Thomas d'Aquin : *« Au premier sens du terme, le droit n'est pas un pouvoir de la personne en soi ; il apparaît dans une relation de personne à personne sur une chose ; il est la chose due par l'une à l'autre ; il n'y a de droit subjectif qu'ensuite et en conséquence de ce droit objectif : le pouvoir juridique n'apparaît qu'en fonction d'un dû à une personne par une autre »*[42]. Or, cette relation de justice ne peut apparaître clairement que si on n'évacue point toute idée de Dieu de l'idée de droit. Ulpien a défini la jurisprudence comme *« divinarum atque humanarum notitia, justi atque injusti scientia : la connaissance des choses divines et humaines, la science du juste et de l'injuste »*. C'est, en effet, dans l'optique des réalités divines que doivent être replacées les réalités humaines ; c'est dans l'ordonnancement divin de l'univers visible que peuvent s'apprécier, dans leur vérité ontologique, les lois du genre humain. S'il est vrai, selon Cicéron, que la nature du droit dérive de la nature même de l'homme[43], le juriste doit rétablir la connexion entre l'homme et sa Cause transcendante : à cet égard, l'Église enseigne que *« le sujet du droit n'est pas l'homme dans sa nature pure, mais l'homme élevé par la grâce du Sauveur à l'ordre surnaturel et, par cela même, mis en contact avec la divinité au moyen d'une nouvelle vie qui est la vie même de Dieu, bien que sous forme de participation. Sa dignité croît donc dans des proportions infinies et, partant, augmente aussi, dans une proportion égale, la noblesse du juriste qui en fait l'objet de sa science »*[44].

Il est dès lors évident que la conception chrétienne du droit et de l'homme s'avère inconciliable avec le positivisme juridique qui aboutit logiquement et inéluctablement à l'absolutisme de l'État. En effet, celui-ci se retrouve investi de la fonction de créateur et de source du droit : la norme supérieure du droit sera la loi de l'État qui peut se faire et se défaire à volonté. Par là, la voie est ouverte aux pires maux qui puissent s'abattre sur une société : l'arbitraire étatique et l'insécurité juridique. La fin de la liberté s'ensuit automatiquement puisque *« le positivisme juridique et l'absolutisme de l'État ont altéré et défiguré la noble physionomie de la justice dont les fondements essentiels*

42. Philippe André-Vincent, *Les droits de l'homme dans l'enseignement de Jean Paul II*, Bibliothèque de Philosophie du Droit, vol. 28, L.G.D.J., Paris 1983, pp. 21-22.

43. *De legibus*, Livre 1er, chap. V, § 17.

44. Pie XII, *Le Droit et la Foi*, cit., col. 1542.

sont le droit et la conscience »[45]. Le droit deviendrait un instrument de l'État, c'est-à-dire du pouvoir politique. En dernière analyse, le positivisme conduit à priver le citoyen de sa liberté de jugement et de discernement entre les lois justes et les lois injustes ; ce qui est, en définitive, logique puisque, pour cette idéologie, toute loi, du moment qu'elle est la loi, étant juste, il n'est plus nécessaire de s'interroger sur sa légitimité. Le juriste se retrouve ainsi ravalé au niveau du garde-champêtre pour qui « la loi est la loi ! » Sans plus. Toute loi commandant d'être obéie, l'État mettra tout en œuvre pour en assurer l'observation. Le positivisme est ainsi le fourrier du totalitarisme puisque, la loi devenant la norme suprême, tout doit s'incliner devant elle. A force de vouloir respecter scrupuleusement toute loi civile, on finit par ne plus savoir ce qui est permis ni ce qui est défendu moralement. Cette conception somme toute très commode du droit qu'est le positivisme, tend à atrophier la conscience et à l'enfermer dans l'indifférentisme moral.

On devait voir d'ailleurs, en notre XXe siècle, les conséquences tragiques de cette doctrine du XIXe : les États anti-chrétiens de forme marxiste, national-socialiste ou fasciste ont dépouillé les citoyens de tous les droits élémentaires comme les plus sacrés, en les livrant à l'arbitraire de la raison d'État ou du Parti. Moyennant quoi, on a assisté à l'émergence de ce que Pie XII, se référant à l'Antigone de Sophocle, a appelé, face au vrai droit, le *« faux droit »*, un *« droit légal »* qui *« a bouleversé l'ordre établi par le Créateur ; il a appelé le désordre ordre, la tyrannie autorité, l'esclavage liberté, le crime vertu patriotique »*[46]. Faisant allusion aux procès de l'Allemagne d'après-guerre, le pape a souligné les effets pervers du positivisme : *« Nous avons tous été témoins de la façon dont certains, qui avaient agi suivant ce droit, ont été ensuite appelés à en rendre compte devant la justice humaine. Les procès qui se sont ainsi déroulés n'ont pas seulement conduit de véritables criminels au sort qui leur était dû ; ils ont encore démontré la condition intolérable à laquelle une loi de l'État, complètement inspirée par le positivisme juridique, peut réduire un fonctionnaire public qui, sans cela, par sa nature et laissé à la liberté de ses sentiments, serait resté un honnête homme »*. Et le Saint-Père d'ajouter fort pertinemment : *« On a fait observer que, d'après les principes du positivisme juridique, ces procès auraient dû se terminer par autant d'acquittements, même dans des cas de crimes qui répugnent au sens humain et remplissent le monde d'horreur. Les inculpés*

45. Pie XII, *Droit et conscience : les règles objectives du droit selon les principes chrétiens*, Discours aux juges du Tribunal de la Sacrée Rote Romaine (13 novembre 1949), D.C. n° 1057, col. 1545.

46. Ibidem, col. 1547.

se trouvaient, pour ainsi dire, couverts par le « droit en vigueur ». De quoi, en effet, étaient-ils coupables, sinon d'avoir accompli ce que ce droit prescrivait ou permettait ? Nous n'entendons pas, certes, excuser les vrais coupables. Mais la plus grande responsabilité retombe sur les prophètes, sur les propagateurs, sur les créateurs d'une culture, d'un pouvoir d'État, d'une législation qui ne reconnaissent pas Dieu, ni ses droits souverains »[47]. A un droit sans fondement divin correspond un pouvoir sans limite humaine. Quand les hommes ne croient plus en Dieu, ils le remplacent par l'État, le parti, la race ou leur propre égoïsme.

C'est pourquoi, le christianisme a toujours rappelé qu'au dessus des lois de l'État, du droit positif, il y a un droit divin et un droit naturel : *« La loi naturelle ! Voilà,* s'écria Pic XII, *le fondement de la doctrine sociale de l'Église... A ses yeux, les droits essentiels (les droits primordiaux de l'homme) sont tellement inviolables que, contre eux, aucune raison d'État, aucun prétexte de bien commun ne saurait prévaloir. Ils sont protégés par une barrière infranchissable. En-deçà, le bien commun peut légiférer à sa guise. Au-delà non, il ne peut toucher à ces droits car ils sont ce qu'il y a de plus précieux dans le bien commun »*[48]. En effet, le droit est antérieur à l'État, ainsi que le sous-tend l'étymologie du mot « loi » : *« lex »* vient de *legere,* lire ; dans son sens originaire, l'acte dit « loi » consiste à lire le droit qui est donc préexistant à la loi ; celle-ci n'est vraiment telle que lorsqu'elle est conforme au droit et dit ce qu'est le droit *(« jus dicere »,* fonction des juridictions)[49], ainsi que le soutient l'Aquinate : *« ... un précepte n'est loi que dans la mesure où il est juste. Or, dans les affaires humaines, une action est dite juste selon sa rectitude par rapport à la règle de la raison. Et la loi naturelle est la première règle de la raison (...) c'est pourquoi chaque loi posée par l'homme ne participe à la nature de loi que dans la mesure où elle dérive de la loi naturelle. Si elle ne s'harmonise pas pleinement avec celle-ci, elle ne sera plus loi mais corruption de la loi »*[50].

47. Ibidem.

48. Discours du 25 septembre 1949. On notera aussi que, dans le Syllabus de Pie IX, si décrié par les libéraux du XIXe siècle et les modernistes du XXe, l'Église condamnait déjà la proposition n° 39 prétendant que *« le droit de l'État, en tant que l'État est l'origine et la source de tous les droits, n'est circonscrit dans aucune limite ».*

49. Cf. Juan Vallet de Goytisolo, *La crise du droit,* Québec 1962, p. 12.

50. Ia IIae, 95, 2. Cf. Samuel Enoch Stumpf, *Contribution de la théologie à la philosophie du droit,* Archives de Philosophie du Droit, Tome V, *La théologie chrétienne et le droit,* Sirey 1960, p. 9 ; Georges Kalinovski, *Le fondement objectif du droit d'après la Somme théologique de saint Thomas d'Aquin,* Archives de Philosophie du Droit, Tome XVIII, *Dimensions religieuses du droit,* cit., pp. 68 et s.

L'État est donc subordonné au droit. La simple observation des réalités juridiques démontre qu'il peut y avoir un droit en-dehors de l'État : le droit coutumier, le droit canonique, le droit corporatiste, le droit international. Montesquieu avait déjà remarqué qu'il y avait *« des relations de justice avant qu'il y eut des lois faites »*. Mais cela n'a pas été seulement vrai avant l'apparition de l'État de droit ; cela reste encore vrai maintenant car *« l'antériorité du droit à la loi n'est pas seulement chronologique : elle découle de la nature du droit (...) il y a des exigences de droit dans la réalité des relations humaines avant qu'il y ait des règles de droit ; il y a exigence de jugement avant qu'il y ait des juges ; il y a du normatif dans la réalité sociale avant qu'il y ait des normes (...) dès qu'il y a relation humaine, il y a exigence de justice »*[51]. Assez curieusement, on peut même invoquer dans ce sens certaines déclarations de droits qui ont été pourtant l'œuvre d'esprits positivistes et bien souvent anti-chrétiens : en effet, notre temps se glorifie, à juste titre, d'avoir découvert les *« droits inaliénables et sacrés de l'homme »* ; il les a effectivement découverts au long des siècles et non inventés d'un seul coup. Les droits énumérés, par exemple, dans la Déclaration des Droits de l'Homme et du Citoyen existaient bien avant d'être proclamés, et c'est bien ainsi que l'entendaient les révolutionnaires de 1789 ; de même pour la Déclaration Universelle des Droits de l'Homme de 1948 et pour la Déclaration Universelle des Droits de l'Enfant de 1959. C'est donc qu'il y a bien des droits qui sont antérieurs à toute société humaine, à toute codification. Le rôle de la société se borne, en ce domaine, à s'efforcer de compléter la liste de ces droits fondamentaux, et surtout d'en assurer le respect et l'application. Loin d'en être le maître, l'État en est le serviteur. On ne peut s'empêcher, toutefois, de relever la contradiction qu'il y a d'une part à bannir toute référence à Dieu comme fondement du droit (l'Être suprême de 1789 n'est qu'un Dieu muet qui n'a rien à voir avec le Dieu de la Révélation) et, d'autre part, à qualifier ces droits d'inaliénables et sacrés. Or, qui attribue à ces droits une valeur transcendantale devrait, en toute logique, les rattacher à leur source transcendantale.

Dans ces conditions, le rôle de l'État est d'appliquer le droit dans l'édiction des lois car, s'il n'est pas créateur du droit, l'État reste l'auteur formel des lois civiles. Faute de le faire, il provoque un écartèlement tel que le droit en viendra à se perdre en « nuit et brouillard ». C'est bien, de nos jours, l'aboutissement fatal du pluralisme législatif.

51. Philippe André-Vincent, *La distinction réelle du droit et de la loi selon saint Thomas d'Aquin,* La Pensée catholique n° 191, Paris, mars-avril 1981, pp. 81-82.

B. Le pluralisme législatif

Émancipée de ses fondements d'origine et de ses règles anciennes, la société civile ne veut plus se référer à quelque divinité que ce soit, sauf à l'homme que pourtant elle a en quelque sorte divinisé. Elle se veut moderne et donc pluraliste, maître-mot et mot d'ordre de la pensée contemporaine dominante[52]. Au nom du principe pluraliste, toute réminiscence de la religion doit être éradiquée de notre droit et son influence doit en être totalement bannie.

Ce pluralisme, qui tend à devenir un véritable dogme social hors duquel il n'y a plus de salut public, se fonde sur le postulat selon lequel on ne peut plus, de nos jours, imposer des normes à des sujets de droit. Chacun est libre de sa destinée et de sa conduite. Il s'agit donc d'entrer dans l'ère nouvelle où, au nom d'une certaine conception des « droits de l'homme », le droit devra prendre de plus en plus en compte les diverses situations existantes et avalisera toutes les pratiques sociales, sans exprimer le moindre jugement de valeur à leur endroit, ni les interpréter en fonction de présupposés moraux et encore moins religieux : ainsi légitimera-t-on le concubinage, le divorce, la contraception, l'avortement, l'euthanasie, l'inceste, le suicide, l'homosexualité, la transexualité et autre *« psy-show »* télévisé[53] !...

Depuis plus d'une décennie, ce pluralisme est devenu en France une doctrine de législation, principalement en droit civil des personnes[54]. Il excelle en matière de mœurs ; cela s'est appelé, à partir de 1974, la *« décrispation »,* cela s'appelle, depuis 1981, le *« droit à la différence »*[55]. Dorénavant, le législateur se refuse à exercer son activité selon l'ordre objectif du bien commun, mais de plus en plus en vue de la satisfaction des intérêts particuliers : il ne rejette plus, il ne condamne plus, il ne choisit plus. Il n'a qu'une règle pour le guider :

52. Il y aurait aussi beaucoup à dire — mais cela sort du cadre de cette étude — sur le pluralisme dans la société ecclésiale, tel qu'il est conçu et tel qu'il est pratiqué...

53. On ne manquera pas d'observer que ce qui unit ces différents modèles négatifs, c'est la stérilité, ce qui laisse quand même un tout petit espoir à long terme car chacun sait que « la stérilité n'est pas héréditaire »... (Cf. Philippe Rémy, *Observations complémentaires au mythe du pluralisme civil en législation,* Revue de la Recherche Juridique Aix-en-Provence, 1983-1, p. 92).

54. Cf. Christian Atias, *Le mythe du pluralisme civil en législation,* Revue de la Recherche Juridique 1982-2, Aix-en-Provence, p. 245 ; Christian Atias et Alain Sériaux, *Le pluralisme dans le droit du mariage,* note sous T.G.I., Aix-en-Provence, 15 septembre 1982, Dalloz-Sirey 1984, p. 267.

55. Notons au passage le paradoxe suivant lequel la « différence » est revendiquée par le socialisme qui s'est toujours défini par l'uniformité...

l'état des mentalités. Se déclarant incompétent pour maintenir la moralité publique (oubliant par là le rôle éducatif de la loi) ou pour conduire la société selon certains principes, il admettra tous les comportements reçus dans l'opinion. A longueur d'année et sur tous les sujets possibles et imaginables, des « échantillons de population » feront l'objet de sondages, ces *« éprouvettes du législateur »*[56]. A côté d'un législateur en titre, on décèle l'émergence d'un législateur en fait : celui qui court les rues et arpente les trottoirs pour une signature de pétition ou une réponse à une question. On pourrait presque parler, si on ne craignait d'être irrévérencieux, d'un « droit prostitutionnel »... A ce rythme, bientôt la navette de la procédure législative ne se fera pas seulement entre l'Assemblée nationale et le Sénat mais inclura, dans son circuit, le siège de la SOFRÈS !

Ce relativisme moral fait apparaître un législateur sceptique, ballotté entre la volonté de puissance et la liberté de jouissance[57], mais dont le crédit risque fort d'être bien entamé auprès des citoyens.

Ce n'est pas un simple hasard si cette idée de pluralisme législatif s'est développée dans des États communément dits libéraux. Pour le libéralisme philosophique, en effet, il n'y a pas de vérité objective immuable, il n'y a que des vérités subjectives et changeantes[58]. Chacun a sa vérité ou, plus exactement, chacun cherche sa vérité. En conséquence, le droit baignant en plein nominalisme ne pourra être le reflet d'une vérité ou d'une loi naturelle déclarées inexistantes ; dans son fondement philosophique, il ne sera qu'un compromis social établi en fonction des données de chaque époque. Il sera donc essentiellement variable et atteindra cette « flexibilité » célébrée par un éminent juriste[59].

Pour cette doctrine libérale, que l'Église a condamnée dès le XIXe siècle, la liberté absolue est le principe fondamental de tout être et de toute chose ; le soupçon frappe tout ce qui est norme imposée, tout ce qui est autorité, tout ce qui est contrainte.

56. Gérard Memeteau, *Pour un retour au droit,* Revue de la Recherche Juridique 1982-1, Aix-en-Provence, p. 189.

57. Cf. Pascal Diener, *Idée nominaliste et déconstruction du droit,* Archives de Philosophie du droit, tome XXVIII, *Philosophie pénale,* Sirey 1983, pp. 233-234, 252.

58. Nous ne prétendons pas juger ici de ce nouveau « libéralisme conservateur » qui actuellement est encore en gestation intellectuelle chez certains jeunes universitaires français souhaitant conserver toutes leurs références chrétiennes, notamment dans le domaine moral (Cf. Christian Atias et Jacques Garello, *Catholicisme et libéralisme : l'alliance naturelle,* Le Figaro-Magazine du 16 juin 1984 ; Philippe Beneton, *Nos références,* Le Figaro du 5 octobre 1983).

59. Jean Carbonnier, *Flexible droit : textes pour une sociologie du droit sans rigueur,* 4e éd. L.G.D.J., Paris 1979.

La liberté étant présentée comme la fin dernière de l'activité humaine, ce libéralisme se fera un devoir de promouvoir la liberté intellectuelle illimitée (« toutes les opinions sont bonnes », « tout se vaut ») laissant se propager une pensée invertébrée qui visera à détruire la liberté même qui lui aura donné droit de cité[60] ; la liberté économique et sociale effrénée mettant les faibles à la totale merci des forts ; la liberté individuelle maximale dissolvant l'unité primordiale de la famille, cellule de base de toute société humaine et de la nation.

La plupart des libéraux considèrent, en effet, qu'être libre c'est pouvoir faire ce que l'on veut, ce qui plaît ; la liberté est donc le caprice. C'est là une conception négative de la vraie liberté, totalement illusoire de surcroît. Car cette liberté absolue n'existe pas en soi. La liberté n'est respectable qu'autant qu'elle concourt à procurer un bien sinon elle est cause de désordre intellectuel, moral ou social et dégénère rapidement en licence. La liberté est le pouvoir de faire ce qui est bien, ce qui est bon, ce qui est juste, le pouvoir de faire ce que l'on doit, ce que la loi morale commande de faire. Dans son expression juridique, *« la liberté consiste en ce que, par le biais des lois civiles, nous puissions vivre selon les prescriptions de la loi éternelle »*[61]. L'homme a la liberté de faire tout ce que Dieu veut de lui. Et Dieu veut que l'homme fasse le bien et non le mal. L'homme a tous les droits qu'impliquent les devoirs que Dieu lui impose. Dieu n'a pas créé l'homme libre de faire tout et n'importe quoi ; il n'a pas abandonné l'homme sur le terrain vague de la liberté. Dans le plan de Dieu, l'homme n'est pas libre de faire le bien et le mal. Un tel pouvoir est si peu un attribut de la liberté que Dieu, pourtant souverainement libre, est incapable de faire le mal ; il s'ensuivrait donc que l'homme serait plus libre que Dieu, ce qui est absurde. Après saint Paul qui affirmait que celui qui pèche est esclave du péché car seule la vérité rend libre, saint Thomas d'Aquin dit fort justement que la faculté de pécher n'est pas une liberté mais une servitude.

Dieu a créé l'homme libre, mais libre de l'aimer. Créé par l'amour de Dieu, l'homme est ordonné à l'amour de Dieu, un amour qui n'est pas imposé par un Dieu jaloux mais librement voulu par l'homme pour un Créateur aimant sa créature. C'est dans ce sens que doit se comprendre la célèbre maxime de saint Augustin *« Ama et fac quod vis= aime et fais ce que tu veux »*, souvent citée à tort et à travers, notamment par les contestataires de l'enseignement officiel de

60. C'est en ce sens que Grégoire XVI stigmatisa cette *« plena atque immoderata libertas opinionum »* dans son encyclique *Mirari vos* (1832).

61. Léon XIII, encyclique *Libertas praestantissimum donum Dei* (1888).

l'Église en matière d'éthique sexuelle. Située dans un texte relatif à l'amour de Dieu, cette phrase signifie, non pas qu'ayant bien fait l'amour on pourra faire n'importe quoi, mais que celui qui aime vraiment Dieu peut faire ce qu'il veut car il ne voudra que ce qui est compatible avec un authentique amour de Dieu ! Ainsi, celui qui aime vraiment Dieu ne pourra vouloir, en toute logique, que le bien, sinon c'est qu'il n'aime pas Dieu car *« celui qui m'aime garde mes commandements »* (1 Jn 14).

Toutefois – et ce n'est pas un mince paradoxe – la tolérance affichée par l'idéologie libérale se transforme en intolérance masquée mais déterminée dès lors que se diffusent certaines opinions qui, en certains domaines-clé, ne se rattachent pas à son système... On l'a bien vu, pour le droit, lors des débats sur la légalisation de l'avortement ou sa remise en cause où tout fut mis en œuvre, aux différents niveaux de l'État, de son administration et de ses médias pour baillonner ou ridiculiser les défenseurs du respect de la vie innocente. On l'a vu aussi pour la religion où, après le Concile Vatican II, les adeptes les plus frénétiques du pluralisme liturgique se sont employés à monopoliser le sanctuaire avant de le saccager...

On soutient – autre paradoxe – que le pluralisme juridique ne favorise aucune doctrine particulière en refusant de prendre parti. Or, c'est déjà là, en soi, une option tout aussi contestable que les autres et on ne voit pas au nom de quoi le pluralisme pourrait bénéficier d'un privilège d'immunité. En outre, calquer le droit sur l'état des mœurs ou l'opinion, c'est le ravaler à un pur rapport de forces et en faire le produit d'une société donnée ; la « praxis » devient le fondement du droit. On décèle ici des relents de philosophie marxiste qui se trouve ainsi véhiculée, sous pavillon de contrebande, par une doctrine qui prétend à la neutralité.

On estime – encore un paradoxe – que le pluralisme législatif assure une plus grande stabilité de la règle de droit. Pourtant, la méthode choisie paraît bien, au contraire, instaurer un droit on ne peut plus mouvant, changeant au gré des passions du jour et des désirs des groupes. Cette contingence du droit n'a, au demeurant, rien de très nouveau ni de moderne : on l'a déjà vue ouvertement défendue, au début du siècle, par le grand positiviste de Bordeaux, le Doyen Léon Duguit, qui voyait dans la loi *« le produit contingent des faits »*[62] et pour qui le seul fondement de la règle de droit était *« l'état de cons-*

62. *Traité de droit constitutionnel,* Tome I, pp. 36 et 45.

cience » et l'adhésion de l'opinion[63]. Or, comme le soulignait le Doyen Georges Ripert, *« il est relativement facile de faire l'opinion »*[64]. Chacun sait maintenant combien les esprits sont devenus malléables sous l'effet du développement des instruments de communication sociale qui distillent à doses homéopathiques des situations d'apparence anodine mais grosses de transformations mentales. Relayés par le discours de certaines célébrités politiques et artistiques, ces comportements audio-visuels se poursuivent jusqu'à ce qu'une partie de l'opinion, même non majoritaire, soit mûre pour les assimiler et les tolérer sans pour autant les adopter : *« Le législateur " mis au centre de tout comme un écho sonore " entend toutes les voix. Simple écho. Souvent, il y a discordance dans les voix, mais il en est toujours une plus puissante que les autres ; c'est celle qui le décidera à agir. Le plus fort sort vainqueur d'un combat dont la loi est le prix. Après quoi le juriste déclare gravement que la loi est l'expression de la volonté générale. Elle n'est jamais que l'expression de la volonté de quelques-uns »*[65]. La normalité et la marginalité, la rectitude et la déviance sont alors mises sur un même plan, acquièrent une égale valeur. A l'absolu se substitue le relatif, à l'objectif le subjectif, et à l'ordre le désordre. Il n'y a plus de déviants puisque la loi s'en fait la prosélyte[66]. Ainsi réapparaît l'instrumentalisation du droit.

La contingence du droit va de pair, au stade de sa formation, avec sa privatisation qui n'est pas une déjuridicisation (car la loi reste le moyen obligé de la norme sociale) mais une délégation, une désétatisation du droit[67]. Dès lors, au nom de quoi faudrait-il exclure la religion chrétienne d'un débat qu'au demeurant elle n'a ni provoqué ni

63. Ibidem pp. 45-49 ; Cf. aussi Gaston Jeze, *Les principes généraux du droit administratif,* 3e éd. Paris, 1926.

64. *Les forces créatrices du droit,* L.G.D.J., Paris 1955, p. 98.

65. Georges Ripert, op. cit., p. 81. L'exemple le plus manifeste de ce processus a été celui de la légalisation de l'avortement en 1975 : les sondages effectués en 1970-1974 indiquaient tous l'opposition d'une majorité de Français à la dépénalisation ; dès l'accession de M. Giscard d'Estaing à la Présidence de la République, les mass média développèrent leur activité en faveur de la légalisation (débats faussement contradictoires et déséquilibrés, commentaires hostiles ou ironiques envers les défenseurs du respect de la vie, large publicité pour les autres, etc.) ; le Chef de l'État lui-même ne manquait pas une occasion pour aborder le sujet dans un esprit « libéral » et faire intervenir le plus souvent possible celle qui tenait lieu de « ministre de la santé »... Quelques mois suffirent pour que la majorité de l'opinion basculât et, au vu des nouveaux sondages, on déclara qu'il convenait de conformer le droit aux mœurs... En revanche, quand, malgré tout, l'opinion résiste (par exemple pour l'abolition de la peine de mort), le législateur délaisse le sondage défavorable pour justifier sa détermination au nom de l'application d'un engagement électoral ou des changements réalisés dans les États voisins...

66. P. Diener, art. cit., p. 234.

67. Philippe Rémy, art. cit., p. 92.

même favorisé ? L'argument de la neutralité est d'une évidence fallacieuse car *« nulle solution de droit sans une politique juridique qui l'inspire »*[68] et nulle politique juridique sans une philosophie qui la guide. Sous couvert de neutralité, on sait bien que le laïcisme est devenu une quasi-religion avec ses dogmes intouchables, ses rites irréformables et son vocabulaire incantatoire ; l'athéisme a logiquement engendré l'anthropocentrisme et donc ce nouveau paganisme célébré avec un romantisme pour le moins suspect par une droite qui se veut nouvelle mais qui retombe, en fait, dans les errances des âges les plus reculés de l'humanité[69]. Cette religion de l'homme s'égare dans l'individualisme outrancier du *« à chacun son droit »*[70], sans s'apercevoir qu'il ruine entièrement son propre fondement d'homme universel et sa doctrine corrélative des « droits de l'homme ».

Le christianisme a au moins le mérite de poser l'inévitable question fondamentale du respect dû à de telles lois. Si elles sont si mouvantes, n'est-ce pas parce qu'elles manquent de fondement stable ? Et si elles manquent de base sûre, au nom de quel Droit réclament-elles l'obéissance ? Après avoir vu comment, dans certains pays, sous certains régimes, à certaines époques, on peut manipuler les foules et les gens, qui oserait encore soutenir que la majorité a toujours raison, qu'elle est la source du droit[71] et que celui-ci n'est qu'une notion à définitions variables selon l'humeur populaire ? Cette conception rousseauiste de l'organisation sociale a été condamnée par l'Église et notamment par Jean XXIII qui écrivait dans son encyclique *Pacem in terris* (1963) : *« On ne peut certes admettre la théorie selon laquelle la seule volonté des hommes, individus ou groupes sociaux, serait la source unique et première d'où naîtraient les droits et devoirs des citoyens, d'où dériveraient la force obligatoire des constitutions et l'autorité des pouvoirs publics »*. Sinon, ce serait réduire le juriste à une simple fonction de géomètre des mouvements et faits sociaux. Or, selon Pie XII, *« le simple fait pour une loi d'être déclarée par le pouvoir législatif norme obligatoire, dans l'État, fait considéré seul et par lui-même, ne suffit pas à créer le vrai droit. Le « critère du simple fait »*

68. Christian Atias et Didier Linotte, *Le mythe de l'adaptation du droit au fait*, Dalloz-Sirey 1977, chr. 34, p. 255.

69. P. Diener, art. cit., pp. 238-239.

70. Cf. Jean Carbonnier, *A chacun sa famille, à chacun son droit*, La Nef n° 67, sept.-nov. 1978, p. 41.

71. On pense ici inévitablement à la célèbre apostrophe à l'Opposition du député socialiste André Laignel, à la tribune de l'Assemblée nationale : *« Vous avez juridiquement tort puisque vous êtes politiquement minoritaires »*, proposition qui restera la perle de la 7ᵉ législature de la Vᵉ République !

vaut seulement pour Celui qui est l'Auteur et la Règle souveraine de tout droit : Dieu. L'appliquer indistinctement et définitivement au législateur humain, comme si la loi était la règle suprême du droit, est l'erreur du positivisme juridique, au sens propre et technique du mot ; erreur qui est à la base de l'absolutisme d'État et qui équivaut à une déification de l'État lui-même »[72]. D'où l'insistance de la religion chrétienne à réclamer la réinsertion du droit dans l'ordre universel voulu par Dieu, c'est-à-dire un retour au droit naturel dont saint Paul nous dit qu'il a été inscrit par le Créateur dans le cœur de l'homme (Epître aux Romains, 2, 14-15). *« Pour établir le droit* — disait déjà Cicéron — *partons de cette loi supérieure qui, antérieure à tous les temps, a précédé toute loi écrite et la constitution de toute cité (...) La loi unique, éternelle, immuable, le Dieu qui l'a conçue, discutée, promulguée, est le seul aussi qui nous l'enseigne à tous »*[73]. En effet, le droit ne se conçoit pas isolé, atomisé en autant de cas qu'il y a de sujets ; il est, par essence et par définition, inséré dans le relationnel : à l'homme échoué sur une île déserte ou à l'ermite retiré du monde, la foi et la morale suffiront, mais à des hommes réunis en société ou en communauté, le droit sera indispensable car il s'applique à des êtres essentiellement reliés entre eux selon l'ordre de la création, cet *« ordre absolu des êtres et des fins »* dont le Magistère de l'Église se fait constamment l'écho[74] et qui les rétablit en connexion ontologique avec Dieu. Pour distinguer le juste de l'injuste, le vrai du faux, le bien du mal, aucune science du droit ne peut se passer de cette référence à tous égards inévitable, sauf à vivre, comme disait Renan, *« de l'ombre d'une ombre et du parfum d'un vase vide ».*

Si bien que les systèmes juridiques occidentaux en sont devenus schizophréniques : ils veulent s'exorciser de leur passé de « chrétienté » tout en conservant un certain nombre de concepts de base dont les racines sont chrétiennes. Si sensible aux notions de liberté et de justice, le législateur contemporain se place en contradiction avec lui-même en repoussant obstinément cet appel au droit naturel que la religion lance au droit ; car il s'agit en l'occurrence d'un progrès des li-

72. *Le droit et la foi*, cit., col. 1546 ; Cf. aussi Léon XIII : *« Une loi ne mérite obéissance qu'autant qu'elle est conforme à la droite raison et aussi à la loi éternelle de Dieu »* (encyclique *Rerum novarum*, n° 38).

73. *De legibus*, cit.

74. Cf. Pie XII, Radiomessages de Noël 1942 et 1944 ; Jean XXIII, encyclique *Pacem in terris*, n° 1 à 8 ; Paul VI, *Populorum progressio*, n° 15, 76 ; *Humanae vitae*, n° 1 ; Cf. aussi Philippe André-Vincent, *Le fondement du droit et de la religion d'après les documents pontificaux contemporains*, Archives de Philosophie du Droit, tome XVIII, cit. pp. 158-159, 162-163.

bertés et de la justice que de subordonner la loi au droit et de permettre ainsi à la conscience de contester des lois qui vont manifestement à l'encontre de l'ordre objectif du droit. On ne peut, en outre, invoquer à tout bout de champ les « droits de l'homme » et sa dignité sans y inclure leur dimension spirituelle dans toute son ampleur et dans toutes ses conséquences. Il est, en effet, difficile de retenir l'argument selon lequel la religion serait considérée comme une composante éminemment respectable de la pensée humaine, mais totalement cantonnée au domaine privé. Légitime dans la conduite de la vie personnelle, elle serait bannie de la vie publique. Il n'est pas rare de voir cette thèse défendue par des pseudo « théologiens de la sécularisation », toujours prompts à canoniser toute pratique sociale, surtout si elle est déviante, ou à laisser s'estomper l'identité chrétienne dans les domaines socio-politique et juridique. Il fut même une époque, encore toute proche, où nombre d'évêques, prêtres et laïcs avaient fait le pari de la sécularisation comme meilleure chance pour l'Église d'annoncer librement le message évangélique et d'exercer son apostolat social selon le tryptique pluraliste « déclergification — déclércalisation — déconfessionnalisation ». Ces douces rêveries coloriées se soldèrent par un réveil pénible sur l'effondrement des vocations et de la pratique religieuses, la disparition des institutions charitables (hôpitaux, hospices, patronages) et la marginalisation des valeurs morales[75]. On ne voit pas ce que la religion y a gagné, ni la société. On voit très bien, en revanche, ce qu'elles y ont perdu...

De surcroît, de cette dichotomie artificielle de l'existence humaine entre le privé religieux et le public a-religieux[76] résulterait ce double langage réprouvé par Léon XIII en son temps : *« Il n'est pas permis d'avoir deux manières différentes de se conduire : l'une en particulier, l'autre en public, de telle sorte que, comme individu, on se soumette à l'autorité de l'Église en la rejetant comme citoyen »*[77]. Un grand nombre de juristes et de législateurs, chrétiens par la foi et la pratique, n'ont rien de chrétien dans leur pensée ou dans leurs actes.

75. Cf. Mgr Pierre Eyt, *La liberté de l'Église devant la modernité*, D.C. nº 1870 (1984), p. 327.

76. A cet égard, on peut citer, comme particulièrement significatifs, ces propos de M. Giscard d'Estaing : *« Un Président de la République doit faire la distinction entre la loi civile et la loi morale qu'il s'applique à lui-même. La loi sur l'interruption volontaire de grossesse a été votée sous mon septennat mais je suis personnellement contre l'avortement ; je l'ai toujours été et le suis toujours »* (Déclaration à *La Croix* du 17 juin 1984, p. 6). Un candidat à la magistrature suprême n'est-il pas élu avant tout sur ses idées personnelles qui inspirent son programme de gouvernement ?

77. *« Pariter non licere aliam officii formam privatim sequi, aliam publice, ita scilicet ut Ecclesiae auctoritas in vita privata observetur, in publica respuatur »* (encyclique *Immortale Dei).*

Sont-ils conséquents avec leur foi et cohérents avec eux-mêmes ceux qui, inspirés par un respect inconsciemment mais non moins sournoisement influencé par les doctrines positivistes, adoptent trop souvent cette mentalité débilitante dans leurs responsabilités sociales et professionnelles[78] ? Pourtant, le Concile Vatican II, tant invoqué, leur a confié la mission *« d'inscrire la loi divine dans la cité terrestre »*[79] et le pape Jean Paul II, tant applaudi, exhorte constamment : *« Ne vous modelez pas sur les mœurs du monde ! »*[80]

Dans la communauté juridique actuelle, il est communément admis de s'en tenir à une expression doctrinale spirituellement incolore et philosophiquement aseptisée, présentée comme le gage de la vraie science. Elle n'est pourtant ni signe d'intelligence, ni preuve de courage. Le Doyen François Gény déplorait cette attitude volontairement agnostique[81] qui emprisonne le droit dans le matérialisme, l'utilitarisme ou simplement l'hédonisme. S'il demeure indiscutable que la loi civile se doit de respecter la diversité des consciences et des croyances religieuses, à tout le moins doit-on admettre que celles-ci puissent servir de critère à la réflexion juridique et au travail législatif de ceux qui les partagent. Encore une fois, il importe de vaincre tout préjugé en rappelant qu'il ne s'agit aucunement, en l'espèce, d'introduire des lois d'ordre confessionnel mais seulement des lois d'ordre naturel constituant le fonds commun de l'humanité dans leur conformité avec l'ordre objectif et universel du droit.

La foi chrétienne n'est pas une religion du septième jour, cantonnée au culte dominical. Il incombe aux hommes de loi qui sont aussi des hommes de foi de recueillir tout un patrimoine tombé en déshérence. Nous vivons une crise majeure du droit. Ceux qui ont des convictions doivent les montrer !

JOËL-BENOÎT D'ONORIO

78. Que l'on se souvienne, à cet égard, comme d'un exemple, de ces 2 000 juristes catholiques qui, à l'initiative du Bâtonnier Edmond Rousse, ont protesté contre les décrets du 29 mai 1880 écartant la religion et les religieux de l'enseignement, et de ces 400 hauts magistrats catholiques qui ont préféré la démission de leurs fonctions au déshonneur du nom chrétien (Cf. Pierre Pierrard, *Les papes et la France, vingt siècles d'histoire,* Ed. Fayard, Paris 1981, pp. 233-234).

79. Constitution pastorale *Gaudium et Spes* n° 43.

80. Discours d'adieu aux pèlerins de Lourdes, 15 août 1983.

81. François Gény, *Ultima verba,* R. Pichond et R. Durand-Auzias, Paris 1951, pp. 37 et suiv.

Présidence de M. le Professeur Jean Foyer
Ancien Ministre et Garde des Sceaux
Ancien Président de la Commission des Lois constitutionnelles
de l'Assemblée Nationale
Député du Maine-et-Loire

RELIGION ET DROIT CONSTITUTIONNEL

par M. Jean-Claude Ricci

Professeur à la Faculté de Droit
et de Science Politique
de l'Université d'Aix-Marseille III

Le thème proposé pour cet exposé : *Religion et droit constitutionnel,* appelle plusieurs observations préliminaires.

La première de ces observations consistera à relever une ambiguïté foncière des mots. Lorsque l'on emploie, en matière constitutionnelle, le terme « religion », celui-ci n'est pas univoque. Tout d'abord, il arrive que les textes constitutionnels fassent mention d'une ou plusieurs religions déterminées : calvinisme, islam, catholicisme, etc. En ce cas, il est bien exact de parler de religion. Mais il arrive aussi que le document en question ne comporte pas référence à une religion particulière mais à la divinité, à Dieu, sans autres précisions. Il est alors plus difficile de parler de religion, du moins si l'on prend le mot dans son acception stricte ; cela d'autant plus que cet emploi fort vague peut revêtir des significations radicalement différentes. Tantôt il faudra voir dans le recours à un tel vocabulaire, l'acceptation intégrale du phénomène religieux, de tout phénomène religieux. Le vague de la terminologie signifie alors la large compréhension du législateur constituant à l'endroit de la religion. Mieux encore, cette référence théologique explicite se veut rejet, exprès ou implicite, de l'athéisme. Elle veut indiquer la conception finaliste du monde que véhicule l'idéologie dominante de l'État considéré. Tantôt, au contraire, le recours à une telle phraséologie montre tout à la fois l'embarras et le désintérêt des auteurs de la Constitution pour ces sortes de problèmes. Faute d'accord général dans le pays ou afin de ne point hypothéquer dans un sens ou dans un autre l'action des dirigeants ou le contenu des lois, on se réfugie dans une formulation qui laisse à peu près ouvertes toutes les solutions concevables. A la limite, il arrive parfois que le caractère de la référence à Dieu est si inconsistant que l'on peut même se demander s'il s'agit encore de divinité : ainsi, le renvoi fait par la Déclaration française des droits de l'homme et du citoyen (26 août 1789) à *« l'Être suprême ».* On ne sait même pas, ici, ce que c'est que cet *« Être ».* A la limite, on pourrait soutenir qu'il s'agit de la personnification d'un mythe ou de l'admission du panthéisme : une sorte de constitutionnalisation du

« Grand Tout » ou de l'*« Horloger »* cher à Voltaire. Dans la suite de cet exposé, on parlera de références religieuses dans un texte constitutionnel aussi bien lorsque l'on rencontrera des indications à proprement parler « religieuses » que lorsque l'on rencontrera des affirmations plus simplement « théistes ».

La deuxième remarque liminaire concerne les cas où l'on ne rencontrera aucune référence de cet ordre, religieuse ou autre, dans la Constitution. Ce silence est, en effet, lui-même sujet à interprétation. S'il peut signifier hostilité certaine mais cachée à l'égard du fait religieux, il peut aussi indiquer une crainte révérencielle chez les auteurs de la Constitution : ceux-ci considèrent qu'un texte politique comme l'est la Constitution n'a pas à comporter d'indications religieuses. Celles-ci seraient déshonorées en se trouvant en pareil endroit. Il y aurait ainsi confusion des genres : c'est probablement l'attitude des constituants dans un certain nombre d'États européens à la fin du XIXe siècle et au début du XXe siècle. En particulier, ce fut sans doute la raison du silence des lois constitutionnelles de 1875, en France, en cette matière, silence à peu près complet si l'on excepte une seule disposition sur le sujet. Mais, paradoxalement, il est rarissime qu'un texte muet sur la religion soit celui d'un État athée ou totalement anti-religieux. Par un phénomène curieux, mais constant, les Constitutions des pays socialistes ou qui se proclament tels, contiennent toutes des dispositions en ce qui concerne la religion. Ainsi, la Constitution soviétique du 7 octobre 1977 ou la Constitution de la République populaire de Chine, du 4 décembre 1982 contiennent d'importantes dispositions en matière religieuse.

Une troisième remarque doit être présentée ici. Elle constatera une certaine contradiction. Cette contradiction est, d'ailleurs, sans doute inévitable.

D'une part, on doit s'attendre à trouver des indications religieuses dans une Constitution. Voici pourquoi : tout d'abord, la Constitution est le plus élevé des actes normatifs dans un État. Elle comporte donc un degré de généralité et de compréhension qui est le plus vaste dans l'ordre interne de l'État. A ce niveau de législation, la Constitution a toutes chances de rencontrer la religion, elle aussi assurant ce même degré de généralité. Ensuite, la Constitution est souvent un texte de portée philosophique. Cette portée s'exprime soit directement dans le texte constitutionnel lui-même (préambule, déclaration, etc.), soit se déduit des options principales prises par le texte concernant la forme du régime ou la conception des rapports gouvernants -

gouvernés. En bref, il n'est pas douteux que la Constitution traduit à la fois une certaine conception de l'homme, des rapports sociaux et des fins du pouvoir politique. Là encore, l'on se situe à une altitude intellectuelle qui est bien celle du religieux. Pourtant, il paraît également logique d'observer des rapports (conflictuels ou d'harmonie) entre la Constitution et la religion. La conclusion de cette première série d'observations paraît s'imposer d'elle-même. Il est non seulement attendu qu'existent des relations entre constitution et religion, mais cela apparaît même inévitable.

D'autre part cependant, il existe aussi de fort bonnes raisons pour qu'il n'en soit pas tout à fait ainsi. La Constitution est un texte juridique. Elle est rédigée avec des termes juridiques, elle s'exprime en principes juridiques et elle prétend avoir l'efficacité et la portée ordinaires d'un texte juridique. A ce titre, elle va comporter un nombre élevé de dispositions qui ne concernent point la sphère des intérêts religieux. Il est, par exemple, indifférent au point de vue religieux, que le mandat du Président de la République soit de cinq ans ou de sept ans ; il est pareillement sans portée religieuse qu'il existe un parlement bicaméral ou monocaméral ou même qu'il y ait ou non un contrôle de la constitutionnalité. Pourtant, toutes ces questions sont du plus haut intérêt dans une Constitution. A la limite, on comprend qu'une Constitution qui serait exclusivement un texte de réglementation des pouvoirs publics pourrait ne comporter aucune disposition de nature religieuse sans que cette absence puisse prêter à interprétation.

Enfin, s'agissant du cas spécial de la France, qui est notre principal objet d'étude, on fera les observations suivantes concernant la religion et le droit constitutionnel. Tout d'abord, dans le texte même des nombreuses Constitutions écrites dont a été doté notre pays depuis 1789, on trouve, finalement assez peu de dispositions concernant la religion. Cette faiblesse ressort davantage encore à la comparaison avec d'autres Constitutions d'États voisins de la France et rédigées à des époques contemporaines. Ensuite, d'autres textes qui ne sont pas des Constitutions, telles des lois ou leur explicitation par la jurisprudence, apportent d'importantes et plus nombreuses indications. Enfin, l'examen de cet ensemble juridique à la lumière de la question de la religion fait ressortir deux grands axes de considérations et donc de dispositions :

— Il y a, en premier lieu, des dispositions constitutionnelles qui intéressent directement ou au premier chef la religion ou la divinité.

— Il y a, en second lieu, des dispositions non directement religieuses, mais qui ont un rapport avec le phénomène religieux en ce sens qu'elles permettent d'en mesurer l'influence.

I. *Les dispositions constitutionnelles intéressant la religion*

Les dispositions constitutionnelles régissant la religion ou ayant trait à celle-ci sont fort diverses et disparates. On va essayer d'en donner sinon un recensement du moins un aperçu (A). On déduira ensuite le statut de la religion dans l'État à la lumière de ces dispositions (B). On examinera le cas particulier de la France s'agissant des rapports des Églises et de l'État (C).

A. Les différentes catégories des dispositions constitutionnelles de caractère religieux

On comprendra aisément que la diversité des génies nationaux, la variété des systèmes politiques, la multiplicité des textes et les différences d'époques entraînent de nombreuses variétés de formulations. Dans un souci de synthèse, on regroupera en quatre grands « systèmes » les diverses modalités constitutionnelles d'appréhension du fait religieux.

1. On rencontre tout d'abord des Constitutions dans lesquelles il n'y a rien sur la religion. Ainsi, les textes constitutionnels du Consulat et de l'Empire, en France, de 1800 à 1815, ne contenaient pour l'essentiel aucune disposition relative à la religion. Ce n'était d'ailleurs pas forcément l'expression d'une ignorance ou indifférence, mais seulement le résultat d'un ordre de préoccupation et d'une méthode : les Constitutions sont des textes régissant le seul pouvoir politique. En effet, parallèlement, le Consulat et l'Empire sont soumis au régime concordataire de 1801 qui fixe les rapports des Églises et de l'État. Pareillement, les lois constitutionnelles de 1875, qui sont la Constitution de la IIIe République, ne contiennent rien à l'endroit de la religion si ce n'est l'obligation de réciter des prières publiques lors des rentrées parlementaires. Mais l'on sait qu'alors était toujours en vigueur le Concordat de 1801.

2. On trouve ensuite des constitutions qui font référence à la *liberté en général*. Dans cette liberté, se trouve incluse, naturellement,

la liberté religieuse. Tel est le cas des articles 4 et 5 de la Déclaration française des droits de l'homme de 1789, des articles 6 et 7 de celle de 1793, des articles 2 et 7 de la Constitution de l'an III (1795). On remarquera la double signification qu'il convient d'attacher à cette inclusion de la liberté religieuse directement dans la liberté en général. D'une part, et ce n'est pas douteux dans le cas de certains des régimes sus énoncés, elle manifeste la volonté de « banaliser » la liberté religieuse en s'efforçant de ne point la singulariser statutairement. Mais, d'autre part, ce rattachement direct d'une liberté particulière (la liberté religieuse) à la Liberté est important car il montre l'enracinement profond de toute liberté dans la notion de Liberté et par suite la solidarité existant entre toutes les libertés. On ne peut toucher à l'une sans porter atteinte aux autres. Cette thèse, selon laquelle toutes les libertés sont solidaires parce qu'elles sont toutes filles de la Liberté, est une thèse majeure du libéralisme catholique qu'expriment notamment les écrits de Charles de Montalembert et de Mgr Dupanloup à partir des années 1850.

3. D'autres Constitutions, incontestablement les plus nombreuses, proclament la liberté religieuse. Les formes de reconnaissance sont diverses et n'ont pas toutes la même portée. Certaines même sont d'une ironie macabre. Ainsi, l'article 52 de la Constitution soviétique de 1977 (reprenant quasiment mot pour mot l'article 124 de la Constitution du 5 décembre 1936) affirme la liberté religieuse et la liberté de propagande anti-religieuse... Pareillement, les Constitutions chinoises contenaient d'identiques dispositions en ce domaine jusqu'en 1982.

Ces proclamations ne sont pas toutes similaires : tantôt c'est une *liberté de croyance* qui est reconnue, cette notion étant plus large que celle de religion et pouvant comprendre des phénomènes non religieux ; tantôt c'est une *liberté de culte* qui est proclamée, ce qui est plus précis ; tantôt enfin, c'est une *liberté d'exercice du culte* qui se trouve énoncée et ceci est bien mieux. En effet, reconnaître la liberté religieuse ne suffit pas car une reconnaissance théorique peut être sans conséquences pratiques ou même se heurter à des impossibilités matérielles ou autres. Il est possible de permettre l'adhésion à un culte sans en permettre la manifestation extérieure d'appartenance ou sans régir de façon corrélative la liberté de réunion cultuelle. Au contraire, la reconnaissance de la liberté d'exercice est un bon procédé puisqu'elle contient tout à la fois le droit d'appartenir à un culte, le droit de l'exercer publiquement et, par voie de conséquence, la liberté de réunir les moyens nécessaires à cet exercice.

Toutes les Constitutions françaises ont reconnu la liberté religieuse, à l'exception des textes consulaires et impériaux précités (an VIII, an X et an XII), des lois constitutionnelles de 1875. Ainsi, la Constitution de l'an III (art. 354) proclame le libre exercice du culte, tout comme l'article 10 de la Déclaration des droits de 1789 qui fait aujourd'hui partie du droit positif de la Ve République. D'autres textes sont plus originaux : la Constitution française du 4 novembre 1848 assure la *« protection »* de la religion (Préambule, art. VIII), la Constitution du 14 janvier 1852 (art. 26) fait obligation au Sénat de s'opposer à la promulgation des lois contraires à la liberté de culte... A l'étranger, nombreux sont les États qui, sous des formulations variées, se rangent dans cette troisième catégorie. En Allemagne fédérale (Loi fondamentale du 23 mai 1949, art. 4), est reconnue *« la libre confession de la religion et de la conception de l'univers »* qui *« sont inviolables »*. L'Italie, tout en faisant mention particulière de la religion catholique, reconnaît la liberté de culte (Constitution du 27 décembre 1947, art. 3, 7, 8 et 20) comme droit de confesser une religion. L'article 49 de la Constitution suisse du 29 mai 1874 contient un statut assez complet de la liberté religieuse.

Mais, ici encore, l'unité de tendance constatée cache des différences considérables. La proclamation de la liberté de culte se concilie avec l'existence soit de liens privilégiés avec un culte (Italie, R.F.A., concordats de 1929 et de 1933), soit, au contraire, de dispositions discriminatoires à l'égard de certaines religions ou de certains de leurs aspects (Suisse, art. 50 à 52 de la Constitution de 1874), soit enfin d'une laïcité militante (projet d'avril 1946, art. 13, en France) ou bienveillante (France, Ve République). Ceci montre les limites de l'examen des seules dispositions constitutionnelles. Celles-ci doivent être complétées par les autres textes de droit positif. Ces derniers suivent davantage l'évolution des idées en la matière parce qu'ils peuvent plus facilement être modifiés, en général, que la Constitution. La pratique aussi doit être observée avec précision.

4. Diverses Constitutions, enfin, comportent des indications de nature religieuse, non pas qu'elles concernent la religion proprement dite mais elles adoptent, à certains moments, des formulations religieuses.

— Il en va tout d'abord ainsi des *invocations liminaires* contenues dans des Constitutions. La Constitution d'Allemagne fédérale évoque *« la responsabilité* (du peuple allemand) *devant Dieu »* (Préambule), la Constitution de la Suisse se réfère à *« Dieu tout-puissant »* (Préambule), la Constitution d'Afrique du Sud de 1961 (art. 2) affirme la *« Souveraineté de Dieu »*. Diverses Constitutions françaises également ont fait référence à Dieu : l'Être suprême (sous les réserves indiquées plus haut) est invoqué dans les déclarations de 1789, de 1793 et de l'an III, la *« divine Providence »* ouvre le Préambule de la Charte de 1814 et la Déclaration de 1848 est rendue *« en présence de Dieu »*. Il ne semble pas que, dans la plupart des cas, cette invocation liminaire dépasse le simple stade de l'acte d'allégeance pour aller jusqu'à produire des effets de droit.

— On doit ranger dans la même catégorie des références purement « protocolaires » à la religion, les formules d'annonce de certains documents juridiques. Souvent, en effet, la Constitution précise que la formule de promulgation des lois débute par l'expression *« par la grâce de Dieu »*, pareillement en va-t-il, également, pour les décisions de justice. C'est le cas, en France, de la Constitution de 1791 (titre III, chap. 4, art. 4 pour la promulgation des lois ; titre III, chap. 5, art. 24 pour les jugements) et de la Constitution de l'an XII, 18 mai 1804 (sénatus-consulte organique du 28 floréal an XII ; art. 140 pour la promulgation des lois, art. 141 pour l'édiction des jugements)... En réalité, il s'agit plus de renforcer la légitimité et donc la force des actes ainsi précédés de formules « sacramentelles » que d'opérer, par cette formulation, une reconnaissance officielle de la religion. Mais il faut bien reconnaître que le fait de choisir de telles invocations suppose qu'elles ont quelque efficacité aux yeux du lecteur de ces documents. Certes, on se sert de la religion mais cela revient à admettre qu'elle peut servir et donc qu'elle conserve, socialement et juridiquement, une certaine force.

— Enfin, plus intéressantes sont les Constitutions où est prévue la prestation par certaines autorités publiques d'un serment en la forme religieuse. En droit américain, le Président des États-Unis, comme aussi le Président de la Cour suprême (Chief Justice) prêtent serment sur la Bible au moment de leur entrée en fonctions. Pareillement, le serment prêté par le Président de la R.F.A. ou le Chancelier, lors de leur prise de fonctions, comporte une formule religieuse, à laquelle d'ailleurs l'intéressé peut renoncer (art. 56 de la Loi fondamentale de 1949 pour le Président, art. 64 pour le Chancelier). Des Constitutions françaises ont aussi prévu une forme religieuse pour la prestation du serment par le chef de l'État : Premier Consul (art. 43 de la Constitution de l'an X, sénatus-consultes des 14 et 16 thermidor an X, 2 et 4 août 1802), Empereur (art. 52 et 53 du texte de l'an XII) pour lequel la Constitution prévoit même que le serment est prêté sur l'Évangile, en présence des archevêques et évêques et comporte engagement de respecter le Concordat et la liberté des cultes ; pareille formulation religieuse caractérise les termes du serment que doit prêter le Président de la République dans le système de la Constitution du 4 novembre 1848. De telles prescriptions aboutissement à reconnaître que les engagements les plus solennels au cours de l'existence d'un régime trouvent dans une expression religieuse la forme la plus élaborée et la plus efficace du respect desdits engagements. Ici, le caractère religieux atteste la toute-puissance morale que l'on veut attacher à la garantie de la parole donnée.

B. **Le statut de la religion dans l'État à la lumière de la Constitution**

Déjà les observations et relevés plus ou moins statistiques qui précèdent laissent pressentir la grande diversité des statuts possibles de la religion dans l'État. Mais l'on doit prendre garde que ce « statut » résultera non seulement des dispositions spécifiquement religieuses mais aussi de la position adoptée par le constitutant sur des points précis sur lesquels les religions ont pris position. En effet, l'enseignement religieux forme un tout généralement très cohérent. Il est intéressant d'observer comment la Constitution traite les divers chapitres sur lesquels le Magistère d'une Église a indiqué les préférences de celle-ci.

Quatre situations se rencontrent ici, dont deux ne nous retiendront pas longtemps. En premier lieu, des Constitutions ne font aucune allusion au statut possible de la religion dans l'État, ne prennent point position sur la question des rapports des Églises avec l'État. En second lieu, certains États se disent athées ou proclament une doctrine d'obédience dont les postulats sont athées (tel le marxisme dans les Constitutions des pays de l'Est). Il reste alors deux cas de figures, les plus intéressants, celui de l'État laïc et celui de la religion d'État.

a. *La religion d'État*

La religion d'État est un système juridique de relations entre les Églises et l'État caractérisé par l'existence de liens privilégiés entre cet État et une Église. Presque tous les pays musulmans sont à religion d'État. Cela signifie la reconnaissance officielle de la primauté d'un culte, de son clergé, de la validité de ses prescriptions. Cela signifie aussi que l'État s'engage à promouvoir dans ses textes les préceptes et les règles de vie enseignés par cette religion. Enfin, cela signifie encore que le bras séculier de l'État va intervenir pour sanctionner effectivement le respect comme les manquements à la règle religieuse. En réalité, ce schéma absolu ne se rencontre guère en dehors des États musulmans. La Grande-Bretagne ou le Danemark, comme la Suède ou les Pays-Bas sont des pays à religion d'État qui appliquent avec beaucoup de souplesse et un grand libéralisme le droit privilégié d'un culte. La position juridiquement hégémonique d'un culte est, naturellement, renforcée par le fait qu'il existe des Églises nationales. En ce cas, le chef de l'État est fréquemment chef religieux. C'est le cas de la Reine d'Angleterre, chef de l'Église anglicane ou du Roi du Maroc, *« Commandeur des Croyants »*... En ce cas,en effet, la question religieuse se trouve avoir *ipso facto* des implications politico-constitutionnelles directes. Ainsi, la Constitution royale marocaine de 1971 (art. 101) rend impossible la révision constitutionnelle de la forme musulmane de l'État marocain.

Le système de la religion d'État est à double tranchant pour l'Église privilégiée : très favorisée sur divers plans (matériel, force spirituelle, monopole de beaucoup d'activités), elle peut aussi soit être captive du pouvoir politique (c'est alors une « cage dorée ») soit, au contraire, vouloir se subordonner le pouvoir civil (système dit, à tort, de l' *« augustinisme politique »*).

Par ailleurs, pour les autres cultes, qui ne sont pas admis au rang de religion d'État, la situation n'est pas toujours la même. Tantôt l'existence d'une religion d'État entraînera des persécutions, des intolérances, des inégalités de tous ordres au détriment des religions non officiellement reconnues (cas du protestantisme en France pendant une partie du XVIe siècle, du catholicisme en Grande-Bretagne, d'Henry VIII à ces dernières années, du christianisme dans certains pays d'Islam). Tantôt au contraire, les cultes seront admis et ne seront pas brimés du tout (cas des religions non catholiques, en France, sous les Chartes de 1814 et 1830, en Italie, sous le Statut albertin de 1848, des religions chrétiennes dans certains pays musulmans comme le Maroc).

Ainsi, l'étiquette « religion d'État » accolée sur le statut constitutionnel d'un culte ne préjuge ni de la liberté réelle de celui-ci dans l'État qui est censé le privilégier ni du sort fait aux autres cultes.

b. *La neutralité de l'État*

La neutralité de l'État indique que celui-ci n'entretient point de relations privilégiées avec un culte déterminé. Le terme « neutralité » est plus exact, scientifiquement parlant, que celui de laïcité auquel on a recours dans notre pays. Le mot laïcité *« sent la poudre »* comme l'a malicieusement écrit M. le professeur J. Rivero (J. Rivero, *La notion juridique de laïcité,* Dalloz 1949, Chr. XXXIII). En effet, dans un certain courant de la doctrine française, l'adoption du mot laïcité correspond à quelque chose de très particulier. La laïcité c'est, en fait, le laïcisme : Dieu ne fait pas partie des explications retenues par la science, il n'est pas donné dans le réel observable scientifiquement, c'est une hypothèse à écarter, non pas parce qu'il n'entre pas dans les attributions de l'État d'en discuter, mais parce qu'elle est non scientifique, donc irrecevable (cf. Discours de Maurice Thorez lors de la célébration du centenaire de Jean Macé). Dans cette hypothèse, la laïcité ce n'est pas la déconfessionnalisation, c'est l'anti-confessionnel. On est complètement à l'opposé de la neutralité.

Les Constitutions contemporaines retiennent cette conception : celle d'une extériorité de l'État par rapport aux cultes (Espagne, Italie, R.F.A., France, etc.).

Cette neutralité, à son tour, peut revêtir deux formes majeures fort différentes :

— En premier lieu, la neutralité peut être *négative* : elle entraîne une abstention généralisée de l'État à l'endroit du religieux. L'État n'intervient pas, ne prend pas partie, n'aide pas les activités religieuses à la fois parce qu'il leur est indifférent philosophiquement et parce qu'il est juridiquement incapable en matière religieuse.

— En second lieu, la neutralité peut être *positive* ou active : l'État reconnaît toutes les religions ainsi que leurs manifestations extérieures. Simplement, parce qu'il est neutre, il les traitera toutes identiquement. La neutralité se traduit pas une égalité de traitement. Cette solution est évidemment la meilleure. D'une part, elle est très respectueuse des convictions de chacun en permettant un égal traitement des opinions religieuses. D'autre part, et l'on a parfois trop tendance à négliger cet aspect, pourtant essentiel de la question, la religion se trouve traitée à l'égal des autres phénomènes sociaux comparables. Il est, en effet, surprenant de voir certains États refuser toute reconnaissance officielle des religions sous prétexte de leur caractère purement privé, d'activité qui ne regarde que la conscience. Alors que, dans le même temps, ces États reconnaissent d'autres manifestations sociales de la conscience individuelle, d'autres expressions d'opinions purement privées, ainsi des partis politiques, d'associations diverses, de groupes de pensée, de syndicats... Ainsi, l'État mexicain ou l'État français se disent neutres en matière syndicale, mais cette neutralité proclamée ne les empêche point de reconnaître un rôle officiel aux syndicats, de leur accorder un statut juridique privilégié, de leur faire remplir des tâches authentiques d'intérêt général ou de service public, personne n'y trouve à redire et c'est normal. Mais pourquoi cette neutralité est-elle active ou positive s'agissant des partis ou des syndicats et pourquoi devient-elle purement négative en matière religieuse ? Il y a là quelque chose sur quoi nos dirigeants ne se sont peut-être pas suffisamment penchés. En adoptant ainsi, à l'endroit de divers phénomènes sociaux, des conceptions aussi opposées de la neutralité, ils ont implicitement manifesté le rang second qu'ils entendaient assigner à la religion dans l'État.

On observera que nonobstant la différence des régimes constitutionnels dont les uns sont fondés, à la limite, sur un système de religion d'État, et dont les autres, à l'autre extrême, peuvent reposer sur un laïcisme militant, beaucoup contiennent des dispositions constitutionnelles régissant la religion :

— Certains ordonnent des prières publiques (loi constitutionnelle du 16 juillet 1875, art. 1er, abrogé par la révision constitutionnelle de 1884).

— D'autres règlementent strictement le statut des ministres du culte et des ordres religieux. Ainsi, les vœux religieux ont été interdits en France, par des Constitutions révolutionnaires (1791, Préambule an III, art. 352) comme contraires *« aux droits naturels »*. Pareillement, la Constitution helvétique réglemente sévèrement la création de nouveaux évêchés ou archevêchés (art. 50 al. 4), de nouveaux couvents (art. 52) ou de nouveaux ordres religieux (art. 52) qui sont soumis à une autorisation préalable. Jusqu'à ces dernières années, le droit suisse a jeté l'ostracisme sur les jésuites qui étaient interdits d'action comme de séjour (art. 51 al. 1) ; la possibilité de supprimer un ordre religieux troublant l'ordre public demeure inscrite dans la Constitution (art. 51 al. 2). La rémunération des ministres du culte est parfois prévue par la Constitution (Charte de 1814, art. 7 ; Charte de 1830, art. 6 ; Constitution de 1848, art. 7). Certaines mêmes s'immiscent dans la désignation des ministres du culte : la Constitution française de 1791 a prévu leur élection par les fidèles (Titre Ier). La Loi fondamentale allemande reconnaît à la plupart des cultes et des Églises la qualité d'organismes de droit public et à pleine capacité juridique civile.

— Enfin, le statut des biens d'Église (Loi fond. allemande, articles repris de la Constitution de Weimar) et le régime de l'enseignement religieux (*ibid.* art. 7) ont parfois attiré l'attention du constituant. Ainsi, en R.F.A., *« l'instruction religieuse est une matière d'enseignement ordinaire dans les écoles publiques à l'exception des écoles non confessionnelles »* (art. 7, al. 3).

L'ensemble de ces indications hétéroclites, jointes à la prise de position initiale sur le statut de la religion dans l'État, sont un excellent révélateur des intentions du pouvoir politique et constitutionnel à l'égard de la religion. Elles permettent aussi, parfois, de corriger les impressions premières.

C. La séparation des Églises et de l'État en France

On a remarqué le faible nombre de dispositions constitutionnelles, à l'époque contemporaine, qui, en France, régissent les relations des Églises et de l'État. C'est qu'en ce domaine, il existe une très importante loi explicitée par une abondante jurisprudence, la loi du 9 décembre 1905 relative à la séparation des Églises et de l'État. Cette loi a très certainement une portée constitutionnelle. Il est probable que, s'il était appelé à se prononcer, le Conseil constitutionnel reconnaîtrait aux principes qui la fondent le caractère de *« principes fondamentaux reconnus par les lois de la République »*. A ce titre elle mérite un examen ici.

L'article premier de la loi de 1905 dispose : *« La République assure la liberté de conscience. Elle garantit le libre exercice des cultes sous les seules restrictions ci-après dans l'intérêt de l'ordre public. »*

Trois conséquences résultent de cette proclamation :
– le culte est libre,
– le culte n'est plus un service public,
– le culte n'est plus pris en considération par l'État.

• *La liberté de culte*

La reconnaissance de la liberté de culte signifie que l'État français admet tous les cultes et n'en prohibe aucun. Plus concrètement, la liberté de culte renferme en réalité trois libertés cultuelles : liberté d'exercice du culte, liberté d'organisation du culte, liberté de perpétuation.

La liberté d'exercice : Cela signifie tout d'abord que l'exercice du culte est libre. Les fidèles sont libres de participer aux activités découlant de leur appartenance religieuse. Ils ont le droit d'user à cette fin d'édifices, de se réunir librement pour les besoins de leur culte, d'avoir des biens pour réaliser cette fin. L'exonération d'impôts paraît indispensable pour les activités cultuelles car l'on ne saurait assujettir une liberté à impôt, surtout lorsqu'il n'y a point profit pécuniaire. Inversement, les fidèles d'une religion ont le droit d'obtenir le respect de cette liberté soit par voie d'action ou d'exception d'illégalité contre les personnes publiques qui porteraient atteinte à cette liberté, soit par un recours devant le juge judiciaire (répression pénale ou actions à fins indemnitaires) dirigé contre des personnes publiques ou des groupes ou personnes privées. Naturellement, si loin qu'aille la reconnaissance de la liberté d'exercice d'un culte, elle ne saurait ni aller contre la liberté des autres cultes ni contre l'ordre public strictement entendu.

La liberté d'organisation : L'organisation des cultes est libre. Cela est particulièrement important pour les Églises à structure hiérarchique forte, notamment pour l'Église catholique. L'État ne peut pas réglementer le nombre des séminaires, contrôler le nombre de séminaristes, fixer le régime des études qui permettent l'accès aux ministères ecclésiastiques. Il ne peut non plus contrôler la délivrance des diplômes. Pareillement, l'État n'a aucun titre à intervenir dans la collation des divers degrés de ministères ecclésiastiques : presbytérat, épiscopat, etc. L'organisation territoriale du clergé, ses réunions, etc. échappent complètement au pouvoir de l'État.

La liberté de perpétuation : La transmission de la foi est libre. Cela implique que les familles possèdent le droit absolu d'élever leurs enfants dans la religion qu'elles désirent. Cela implique aussi l'organisation d'un enseignement religieux (aumôneries de lycées, en vertu de lois de 1905 et 1941 ; le Conseil d'État censure, comme contraire à la liberté religieuse, toute atteinte à l'existence d'aumôneries : 1er avril 1949, Chaveneau, D. 1949, p. 531, concl. Gazier, note Rolland ; Rec. 161).

- *Le culte n'est plus un service public*

Jusqu'à la loi de séparation des Églises et de l'État, le culte était, en France, un service public, notamment en vertu des concordats de Bologne (1516) et de 1801. La loi de 1905 a supprimé le service public du culte. Mais si le principe est certain, de nombreuses exceptions existent.

Le principe : Il est clair que le culte n'est plus un service public ; les ministres du culte ne sont plus rémunérés sur fonds publics. Il ne s'y attache plus les conséquences de droit attachées ordinairement à l'existence d'un service public. Pareillement, les ministres du culte n'ont plus, en raison de leur état, une quelconque place dans la hiérarchie officielle de l'État ou dans les cérémonies publiques. Ils ne sont plus nommés par les autorités publiques comme c'était le cas sous le régime concordataire, lequel est demeuré en vigueur dans les départements d'Alsace et de Lorraine où subsiste le Concordat de 1801. Ce régime ne s'applique pas non plus à la Guyane (Cons. D'Ét. 9 octobre 1981, Béhérec, seule s'applique dans ce département, l'ordonnance royale du 12 novembre 1828). Les actes des ministres du culte, leurs rapports avec les fidèles, les relations entre les uns et les autres et leurs supérieurs sont entièrement soumis aux règles du droit privé et à la compétence des autorités judiciaires. La participation des autorités publiques à des cérémonies religieuses est faite à titre purement privé et ne constitue nullement la reconnaissance d'un culte par les pouvoirs publics. Lorsque sont organisées des obsèques solennelles pour le décès de Charles de Gaulle à Notre-Dame de Paris, lorsqu'est célébrée une messe de funérailles pour Georges Pompidou, il n'y a point acte d'allégeance des pouvoirs publics à un culte déterminé, mais hommage rendu à un disparu dans la forme la plus propre à honorer sa mémoire dans le respect de ce que furent ses convictions et croyances. De la même façon, lorsque le Président de la République assistait, en 1968, à la messe de funérailles du cardinal Veuillot, il n'y avait point hommage de la France à l'Église, mais seulement expression des convictions personnelles de Charles de Gaulle à l'égard d'un défunt.

Les exceptions : Pour certain qu'il soit, le principe n'en souffre pas moins d'importantes exceptions. On en rappellera quelques-unes.

Il existe des aumôneries, aux frais des personnes publiques, dont les desservants sont eux-mêmes rémunérés sur fonds publics, dans les casernes, les hôpitaux, établissements d'enseignement secondaire.

Des édifices religieux sont parfois construits par des collectivités publiques (État, départements, communes) ou celles-ci participent à de telles constructions (fourniture de main-d'œuvre, fonds de concours, prêts d'argent ou de matériel, garantie d'emprunt...).

La plupart des jours de fête religieuse sont chômés et payés : Pâques, Ascension, Pentecôte, Assomption, Toussaint et Noël, ainsi que tous les dimanches de l'année. Enfin, on rappellera que Jeanne d'Arc, sainte de l'Église catholique, est patronne de la France et fêtée comme héroïne nationale le deuxième dimanche de mai, par les autorités officielles de la République.

Un véritable pouvoir de police à l'intérieur des édifices du culte est reconnu aux ministres du culte.

Des cérémonies religieuses sont organisées parfois pour la célébration d'événements solennels concernant la vie de l'État (*Te Deum* à Notre-Dame pour célébrer la Libération de Paris, en août 1944 ou à Notre-Dame de la Garde pour la Libération de Marseille).

Une certaine reconnaissance de la hiérarchie religieuse et des titres religieux par les pouvoirs publics existe en fait. Les ministres des différents cultes sont désignés sous les appellations qui sont les leurs dans leur confession d'origine (Monseigneur, M. le Cardinal, le Muphti, le Rabbin, le Pasteur, etc.). On sait qu'avant de nommer un évêque, le Saint-Siège consulte souvent, à titre officieux, les autorités de l'État. Mais notre droit va encore plus loin dans la reconnaissance des religions. Ainsi, le Conseil d'État a considéré comme illégal le décret par lequel, en mai 1957, le Président du Conseil a procédé à la nomination du directeur de l'Institut musulman de la Mosquée de Paris sans respecter les statuts de la Société des Habous et Lieux saints de l'Islam (Section, 8 novembre 1963, Ministre de l'Intérieur c/ Sieur Ahmed ben Ghabrit). Pareillement, dès 1911, il a admis que par *catholiques* il fallait entendre exclusivement des personnes reconnues comme telles par les autorités officielles de la hiérarchie catholique romaine (17 mars 1911, abbé Hardel, Rec. 350 ; 8 avril 1911, abbé Anselme, Rec. 464). Également, lorsqu'un ministre du culte est désigné comme aumônier dans un service public (hôpital, caserne, prison, école), il est nommé sur proposition de son Église de rattachement ; lorsque celle-ci lui retire son autorisation d'exercice, l'administration *est obligée* de désinvestir l'aumônier (cf. dans le cas d'un pasteur protestant de l'Église Réformée de France, Section, 17 octobre 1980, sieur Pont, A.J. 1981, p. 256, concl. D. Labetoulle).

- *Le culte n'est plus pris en considération par l'État*

C'est ici la manifestation la plus nette du principe de neutralité (dit encore de «laïcité ») de l'État. Mais ce principe, comme le précédent, souffre de notables exceptions.

Le principe : Le principe est clair. L'État ne reprend pas à son compte les prescriptions religieuses et il peut même édicter une législation contraire à celles-ci. Ainsi, l'État français ne férie pas certains jours de fête religieuse chrétiens, mais surtout juifs et musulmans. De la même façon, il admet le divorce et l'avortement qui sont condamnés par certaines Églises et notamment l'Église catholique. Tous les édifices publics, bâtiments officiels, cimetières, prétoires des cours et tribunaux sont déchristianisés, c'est-à-dire qu'en ont été ôtés tous les emblèmes religieux antérieurement existants. Le législateur fait obligation aux ministres du culte de célébrer le mariage religieux seulement après s'être enquis de la célébration préalable du mariage civil, à peine d'amende. Aucun effet civil ne s'attache au mariage religieux.

Cependant, cette neutralité, dans le cas de la France et compte tenu de certaines données sociologiques, ne saurait être absolue, ce serait alors de l'hostilité pure et simple. Aussi existe-t-il certaines atténuations au principe de neutralité. Quelques-unes d'entre elles ont été présentées plus haut. On n'y reviendra pas, mais il en est d'autres.

Les exceptions : Elles sont nombreuses et variées ; on ne peut les énumérer sans prétendre à l'exhaustivité.

L'État français entretient une ambassade auprès du Saint-Siège et c'est même l'une des plus élevées dans la hiérarchie des postes diplomatiques. Corrélativement, le Siège apostolique est représenté en France par un nonce apostolique qui est, de droit, doyen du Corps diplomatique.

Il arrive que les pouvoirs publics subventionnent des activités à caractère religieux marqué : cérémonies religieuses à la mémoire des morts pour la France (C.E., 10 juin 1931, Rec. 556), prêt de locaux, matériels ou autres à des associations de jeunesse à vocation religieuse nette.

Les édifices du culte appartiennent à l'État, aux départements et aux communes s'ils ont été construits avant le 18 germinal an X. S'ils l'ont été entre le 18 germinal an X et le 9 décembre 1905, ou s'ils ont été acquis durant ce temps par une collectivité publique et n'ont point été réclamés par une association cultuelle, ils sont également devenus propriété d'une personne publique. Or, l'on sait que tous les édifices catholiques sont dans ce cas, l'Église ayant refusé la constitution de « cultuelles » comme contraires à sa constitution organique. Ceci revient à dire que les édifices catholiques construits avant le 9 décembre 1905 sont tous propriété du domaine public et leur entretien est à la charge, pour le gros-œuvre, des collectivités propriétaires.

L'État aide l'enseignement privé même de caractère confessionnel (lois Barangé, Marie, Debré et Guermeur).

Les lieux de culte sont exonérés de certains impôts ou taxes comme la plus-value immobilière.

Enfin, certaines dispositions du Code pénal frappent les ministres du culte en tant que tels : célébration du mariage religieux avant le mariage civil (C. pén., art. 199 et 200) ; attentat aux mœurs, pour lesquels la qualité de ministre du culte est une circonstance aggravante (C. pén., art. 333) ; violation du secret de la confession (C. pén., art. 378) ; inhumation des corps sans autorisation préalable d'un officier d'état-civil (C. pén., art. 40-7°) ; peines spéciales en cas d'outrages ou diffamation envers un individu chargé d'un service public ou d'incitation à la résistance aux lois ou à l'autorité publique (loi de 1905, art. 34 et 35).

Ainsi, on le voit, tant en France qu'à l'étranger, et sous des régimes divers, le droit constitutionnel s'intéresse beaucoup au phénomène religieux. Mais il importe de voir si cette « réception » du fait religieux par les Constitutions va plus loin qu'une simple courtoisie et exerce une réelle influence sur le droit des États.

II. *Les dispositions constitutionnelles non directement religieuses*

Pour mesurer l'influence de la religion sur le droit constitutionnel, il ne suffit pas de retenir le contenu et la portée des dispositions constitutionnelles relatives à la religion. Il faut encore vérifier si les enseignements religieux, les éléments de doctrine religieuse qui ont une portée temporelle sont contredits, confortés ou acceptés par le libellé constitutionnel.

Les implications religieuses sont très diverses selon les religions considérées et il est hors de propos de les traiter toutes. On ne retiendra que les religions chrétiennes, spécialement la religion catholique. Par ailleurs, chaque religion entraîne des incidences potentielles nombreuses sur le droit constitutionnel. Il ne saurait non plus être question de les retenir toutes. Notre propos sera ainsi limité d'une part aux religions chrétiennes, d'autre part à quelques aspects seulement de leur enseignement.

On sait qu'en matière constitutionnelle, plus précisément concernant le statut du pouvoir, le christianisme a constitué une double révolution théorique. Il a dissocié l'univers de Dieu et l'univers de César, supprimant par là-même toute possibilité de totalitarisme. C'était une rupture théorique et pratique considérable par rapport aux conceptions héritées des antiquités grecque et romaine. En outre, le christianisme a innové plus fondamentalement encore peut-être en instituant la personne humaine comme valeur et en plaçant le politique au service de la personne.

Ainsi, la réception de la doctrine chrétienne par le droit constitutionnel doit provoquer des conséquences tant sur le statut du pouvoir d'État que sur le statut de l'individu. Enfin, de la combinaison de ces deux principes (une puissance étatique limitée et un individu valorisé) doit sortir un troisième principe, celui de la modération des rapports sociaux.

A. Le statut du pouvoir

Le statut du pouvoir se trouve très profondément affecté par les présupposés doctrinaux du christianisme. En effet, dans l'ordre politique, le chrstianisme postule la séparation du spirituel et du temporel, doublée par la séparation des pouvoirs qui est essentielle pour un exercice modéré du pouvoir, cette idée de modération du pouvoir explique aussi le recours à une juridicisation plus poussée du pouvoir politique notamment par un recours massif au contrôle de constitutionnalité. C'est encore le christianisme qui pousse le constituant à concentrer le pouvoir politique en période d'alarme parce qu'alors le salut du peuple est la loi suprême, selon la formule du droit romain. Enfin, la christianisation de la puissance étatique entraîne encore au moins deux autres conséquences. Dans l'ordre interne de l'État, le principe de subsidiarité oblige l'État à confier des tâches importantes aux collectivités territoriales existant en son sein. Il a le devoir de ne pas chercher à faire ce que d'autres que lui ont pour fonction principale ou naturelle de faire et accomplissent effectivement très bien. Dans l'ordre externe, le christianisme impose à l'État de strictes limites dans le recours à la force armée. En particulier, il prohibe l'esprit de conquête.

Sur beaucoup de ces points, les textes constitutionnels des nations où domine le christianisme apportent des réponses positives. A ce titre, ils attestent l'empire exercé sur eux par la doctrine chrétienne.

• *La séparation du spirituel et du temporel* est très généralement répandue, on l'a vu, même lorsqu'il existe un système de religion d'État. Il faut, en effet, marquer très nettement la différence entre la séparation du spirituel et du temporel et la séparation des Églises et de l'État. La première séparation est capitale, elle empêche tout confusionnisme dans ce domaine : il y a une responsabilité propre du politique et une sphère propre du pouvoir religieux. Les activités, les moyens et les fins sont parfaitements distincts. En revanche, cette première et essentielle dichotomie posée, il est capital de voir que la séparation des Églises et de l'État ne s'ensuit pas nécessairement. Mieux, il est des régimes de religion d'État, comme la Grande-Bretagne, qsi réalisent mieux la séparation du spirituel et du temporel que certains États à séparation des Églises et de l'État comme le Mexique ou l'Union soviétique pour prendre des exemples forts disparates. De ce point de vue, le système français est des plus complets.

• *La séparation des pouvoirs à l'intérieur du système politique* est également un élément important de la modération des pouvoirs (cf. les tentatives de régime mixte de saint Thomas d'Aquin). Il importe peu que, suivant des distinctions classiques mais largement inexactes, l'on détermine avec précision le point de savoir si cette séparation doit être souple ou rigide. Il suffit de retenir l'idée simple que les diverses fonctions sociales de l'État doivent être confiées, à titre principal, à des organes distincts. De ce point de vue, les régimes d'Occident réalisent avec bonheur cette séparation entendue comme spécialisation fonctionnelle. Les États-Unis, la Grande-Bretagne, les Pays-Bas, la Suisse même..., la France, surtout avec la Constitution de 1958, ont retenu cette leçon de sagesse que le pouvoir réparti était moins dangereux que le pouvoir concentré suivant les leçons de saint Thomas d'Aquin, reprises plus tard par Montesquieu.

- *Le recours au contrôle de constitutionnalité et la juridicisation du politique*

La modération de la vie politique, forme supérieure de la tolérance et du respect des personnes, exige l'instauration de mécanismes régulateurs de la vie politique. Parmi ces mécanismes, la tendance à juridiciser celle-ci est l'un des plus efficaces. Elle transforme en discussions pacifiques, en échanges d'arguments rationnels, une vie politique qui menace parfois de s'enliser en de douteux combats. A cet égard, il n'est pas niable que l'établissement d'un contrôle de constitutionnalité participe de cet état d'esprit. En gagnant du terrain, le juge réduit d'autant la part du champ de bataille que remplit souvent l'activité politique. C'est ce que les États-Unis ont compris dès 1803, suivis plus tard, beaucoup plus tard, par nombre d'États. L'un des derniers venus est la France qui, en 1958, instaura pour la première fois de son histoire un juge chargé de contrôler la constitutionnalité des lois. A la souveraineté parlementaire, qui a souvent pour résultat de transformer les changements de majorité en révolutions ou en crises de régime, elle substitue la pacification civile par le droit. On observera qu'il n'existe pas en Grande-Bretagne de contrôle de constitutionnalité des lois parce qu'on n'y trouve pas, à proprement parler, de Constitution. Mais cette absence et la souveraineté parlementaire qui caractérisent le système anglais, sont largement contrebalancées par le « fair play » qui domine la vie politique du Royaume-Uni. Par ce moyen est assurée la pacification de la vie publique.

- *La concentration du pouvoir en période de crise* ne contredit pas, bien au contraire, la modération chrétienne du pouvoir. Mieux, elle conforte l'idée selon laquelle le pouvoir est service suivant une formule venue directement de la pensée pontificale de ces derniers siècles. En effet, en postulant que la crise justifie la dictature temporaire, on veut indiquer, en même temps, que seule une telle situation fonde une telle concentration. Il n'en est point d'autre admissible. Partant, s'affirme l'idée spécifiquement chrétienne selon laquelle « l'autorité est service ». La justification unique d'un renforcement maximal du pouvoir et de sa puissance est le salut du groupe. Ceci revient à rejeter avec force tout système de pouvoir autoritaire ou dictatorial qui, en

réalité, ne viserait pas le bien commun d'un groupe exceptionnellement menacé. C'est la vérification quasi expérimentale une fois de plus que, selon les formules de Léon XIII, Pie XII, Jean XXIII, Paul VI et Jean Paul II, *« l'autorité est service »*. Elle n'est tellement que cela qu'il faut des circonstances absolument dramatiques pour que soit justifié un degré élevé de puissance à elle octroyé. Les théories anglaise et américaine des *« Powers of emergency »*, l'article 16 de la Constitution française de 1958, l'article 81 de la « Constitution » allemande de 1949 sont l'expression fidèle de cette conception.
conception.

• *Le principe de subsidiarité,* appliqué au pouvoir d'État, oblige ce dernier à admettre une large décentralisation des collectivités locales. C'est ici encore une idée centrale du christianisme que tout pouvoir est, d'une certaine façon, un scandale car il n'est pas possible que, parmi des hommes égaux entre eux et dotés de la liberté royale des enfants de Dieu, certains se voient investis de la fonction de commander à d'autres. Pour expliquer cela, il faut admettre que le pouvoir, mais non le titutlaire du pouvoir, est d'origine divine. Mais si le pouvoir se trouve par là fondé en légitimité, il se trouve, du même coup, très étroitement cantonné : il est l'exception, donc il est de droit étroit. Tout ce qui se règle tout seul, sans intervention du pouvoir, ne doit pas lui être confié. La décentralisation, qui confie de larges pouvoirs aux autorités locales, est inscrite dans la notion pontificale de *« subsidiarité »* systématisée par le Pape Jean XXIII, en 1961 *(Mater et magistra)* Le caractère fédéral de la Suisse, des États-Unis, de la R.F.A., la large décentralisation instituée en Espagne, Italie ou Grande-Bretagne, la situation de la France, attestent de la force grandissante du principe de subsidiarité. Naturellement, il ne suffit pas de proclamer cette décentralisation, il faut encore qu'elle soit effectivement mise en œuvre, c'est-à-dire que les moyens de la réaliser concrètement et la protection juridique doivent exister réellement. Naturellement encore, l'on ne saurait ignorer les arrières-pensées qui peuvent parfois fonder le recours à un processus décentralisateur. Mais ce sont d'abord les faits qui comptent, car, comme le dit le Psalmiste, « Dieu seul fait sonder les reins et les cœurs ».

• *La promotion d'une politique de paix* et non de guerre, est le leit-motiv de la doctrine chrétienne depuis les premiers temps de son existence. On ne compte plus la foule d'institutions, de règles, de principes et d'interventions qu'ont suscité les Églises chrétiennes pour promouvoir la paix et faire cesser la guerre. L'enseignement du Christ n'est pas spécialement belliqueux, mais il n'interdit pas non plus l'effort de défense du groupe par ceux auxquels il est confié. Si le pacifisme et le refus des armes peuvent s'autoriser du christianisme en tant que norme individuelle de comportement, ils sont souvent moins justifiables au niveau du groupe. Car les responsables de la communauté humaine sont d'abord chargés de son maintien donc de sa survie et de son existence. Ils failliraient gravement à leur mission si, tout en coopérant activement à l'œuvre de paix et de consolidation de la paix, ils ne mettaient pas le groupe qui leur est confié en état de pourvoir à sa défense dans les cas où son existence même serait mise en péril. Il n'est pas possible d'admettre que des choix de conscience individuelle puissent être imposés au groupe et valoir comme prise de position de ce dernier. De cette allégeance à la conception chrétienne des rapports internationaux, de nombreuses Constitutions portent la marque. L'idée de guerre de conquête, de comportement guerrier offensif est généralement répudiée par elles. Ainsi font les Constitutions allemande et italienne. La Constitution française de 1958, suivant en cela la voie de ses devancières, affirme expressément : *« La République française, fidèle à ses traditions, se conforme aux règles du droit public international. Elle n'entreprendra aucune guerre dans des vues de conquête et n'emploiera jamais ses forces contre la liberté d'aucun peuple. »*

L'influence des préceptes du christianisme en matière de statut du pouvoir de l'État est donc très certaine et très grande dans les Constitutions des États concernés.

B. **Le statut de l'individu**

Le statut de l'individu est fortement valorisé par la doctrine chrétienne. Celle-ci revêt l'homme d'une dignité éminente et exceptionnelle. Il est fils de Dieu, appelé à partager la royauté de la Terre. C'est pour lui qu'un Dieu s'est incarné, a souffert et est mort. Son rachat est l'objet ultime du projet de Dieu sur le monde. On conçoit que pareille dignité reconnue à l'homme doive entraîner un statut prestigieux de la personne humaine. Aussi ne doit-on pas s'étonner que cette prise de position a des conséquences multiples. En particulier, elle retentit directement sur le sort fait à la famille, lieu par excellence de création, de formation et d'existence de la vie individuelle.

- *L'individu*

Tout d'abord le christianisme prend la personne dans son acception totale en ce qu'il pose le principe d'égalité des hommes et des femmes. Dans l'ordre naturel comme dans l'ordre eschatologique, il n'y a point à discriminer selon les sexes. Tous les textes constitutionnels des pays concernés confirment cette égalité qui se traduit à de multiples plans.

Ensuite, cette personne est dotée de droits et libertés. Selon le christianisme, en effet, l'homme est doté originairement de libertés et de droits. Il faut être très clair là-dessus. Les droits de l'homme ne résultent point d'une reconnaissance par les pouvoirs publics, ils appartiennent *ipso facto* à tout homme en sa qualité d'être humain, c'est-à-dire de créature qui a vocation au salut. Il en résulte pour conséquence qu'il a le droit, au besoin par la force, de revendiquer la reconnaissance par l'État et la garantie active des droits essentiels inhérents à la personne humaine.

On comprend que le chapitre des proclamations de droits et de libertés soit un passage obligé de nos Constitutions. La Constitution américaine dans son préambule comme dans ses premiers amendements, la Constitution du royaume d'Espagne, celle de la République d'Italie, celle de la R.F.A., les textes fondamentaux du droit constitutionnel britannique, les Constitutions françaises dans leur très grande majorité, spécialement les deux dernières, adoptent une technique d'énumération des droits et libertés. Cette énumération est souvent imposante et fort complexe. En outre, l'existence fréquente d'un contrôle de constitutionnalité renforce encore l'efficacité qui s'attache à la proclamation. Celle-ci ne restera pas théorique. Les violations par le législateur de ces droits et libertés encourront la censure d'un juge suprême.

A ces droits et libertés, s'ajoute la faculté pour l'homme d'agir dans et par des partis politiques. Ces partis jouent une indispensable fonction de renouvellement des élites, de proposition et de critique. Ils supposent l'existence d'un pluralisme politique sans lequel la plupart des libertés n'auraient pas grand intérêt. Sur ce point aussi, nombre de nations chrétiennes ont tiré les conséquences qui s'imposent de ces principes.

C'est encore en raison de l'éminente dignité qui s'attache à tout être humain pris individuellement que doit lui être reconnue la faculté de soulever une objection de conscience concernant le recours aux armes. Cette faculté suppose une solide motivation pour la fonder et interdit tout refus de servir la collectivité, ne serait-ce que par le moyen d'un service civil. A cet égard, c'est sans doute la Loi fondamentale allemande qui a établi le système constitutionnel le plus complet de protection de l'objection de conscience. Il est vrai que, ce faisant, cette nation agissait d'expérience...

• *La famille*

La famille jouit, dans la thématique chrétienne, d'une considération toute spéciale. Elle est à la fois une cellule première et fondamentale de la société. Elle est aussi le premier modèle sociétal. Enfin, elle est le lieu idéal de formation de l'individu.

A ce titre, l'enseignement chrétien a posé un certain nombre de principes essentiels concernant la notion de famille, son statut juridique, son existence même et sa durée. Plusieurs de ces questions relèvent d'autres disciplines que le droit constitutionnel comme, par exemple, l'avortement ou le divorce, la fiscalité de la famille, le régime successoral, le régime du concubinat ou le point de savoir si la famille doit se voir doter d'une personnalité juridique, en l'espèce une personnalité morale.

Le droit français se montre très discret dans ses textes de rang constitutionnel sur la famille. Le Préambule de 1946-1958 indique simplement que *« La Nation assure à... la famille les conditions nécessaires à son développement »*. Ceci concerne surtout les prestations sociales, l'action sanitaire, la protection maternelle et infantile. C'est une vision sanitaire et sociale, plus que globale, de la famille. En particulier, ni notre droit constitutionnel, ni notre droit civil ne posent explicitement que la famille est le lieu privilégié de l'éducation, qu'elle a la primauté sur l'État quant à la sauvegarde des personnes qui la composent ou, mieux encore, qu'elle dispose de la personnalité juridique.

En revanche, dans d'autres États, la famille se voit reconnaître un véritable « statut ». Ainsi, l'article 6 de la Loi fondamentale d'Allemagne fédérale dispose : *« Mariage et famille jouissent de la protection particulière de l'ordre politique. Les soins à donner aux enfants et l'éducation de ceux-ci constituent un droit naturel des parents et un devoir qui leur incombe en premier lieu. L'accomplissement de ce devoir est surveillé par la communauté nationale... »* Il s'agit là d'une remarquable illustration à la fois d'une tentative pour donner un statut à la famille et du principe de subsidiarité appliqué dans les rapports familles-État.

De même, la Constitution italienne du 27 décembre 1947 (art. 29 et s.) *« reconnaît les droits de la famille comme société naturelle fondée sur le mariage »* et fait des parents les premiers responsables de l'éducation de leurs enfants.

Au statut de la famille se relie très directement la question de la liberté de l'enseignement. Le choix d'un type d'éducation par la famille emporte pour elle droit corrélatif de choisir le type d'enseignement et donc le type d'école pour les enfants. On n'insistera point trop sur ce point qui a été longuement examiné lors du colloque de 1982 (cf. notamment le Rapport de M. Jean-Michel Lemoyne de Forges, « État laïque et école catholique »). De nombreux textes constitutionnels insistent, à l'époque contemporaine, sur cette liberté de l'enseignement ainsi entendue. On observera que très logiquement tous les textes qui mettent fortement l'accent sur le primat parental en matière d'éducation insistent également de la plus nette façon sur la liberté de l'enseignement (Italie, Belgique, R.F.A.). Précisément, la France se caractérise par une double lacune. D'une part, notre Constitution ne comporte point reconnaissance de la primauté parentale en matière d'éducation des enfants. D'autre part, elle ne mentionne point, en tant que telle, la liberté de l'enseignement. En effet, en 1946, l'Assemblée constituante a expressément refusé l'inclusion de cette liberté dans la liste des droits reconnus nouvellement par la Constitution. Cette double carence, opposée à la double liberté reconnue par certains États, montre bien le caractère inéluctable du lien existant entre la liberté de l'enseignement et le statut de la famille. La défaillance de notre droit eu égard aux exigences chrétiennes n'en est que plus révélatrice. Mais l'on sait que le Conseil constitutionnel, dans une fondamentale décision du 23 novembre 1977, a reconnu à la liberté de l'enseignement le caractère d'une liberté constitutionnellement garantie.

C. Le statut économique et social

Le statut économique et social des personnes et des groupes est également un bon révélateur du degré d'influence des préceptes chrétiens sur le droit constitutionnel des États. La doctrine chrétienne tient en deux mots en ce domaine : justice et modération.

La justice, en matière économique surtout, exige que soit reconnue la dignité de l'agent économique, surtout du travailleur. La justesse des rémunérations, le droit de participer aux choix essentiels qui orientent l'activité de l'entreprise, la protection des plus démunis, des personnes sans défense sont quelques-unes des illustrations de cette conception. Elles ont commencé à pénétrer notre droit constitutionnel surtout à partir de 1848. La Constitution de 1848 est la première Constitution où se font jour véritablement les préoccupations sociales. C'est que l'influence chrétienne a été très grande à cette époque, notamment sur les hommes qui ont fait cette Révolution. En outre, en ces temps d'industrialisation naissante et d'urbanisation croissante, la misère ouvrière et sa détresse morale étaient fort grandes. Aussi, il ne faut pas s'étonner si les hommes de 1848, tout emplis d'humanitarisme chrétien, ont tenté de traduire en loi lesdits principes.

Les Constitutions françaises postérieures ont fait largement écho à ces préoccupations qui étaient en même temps la traduction d'exigences d'ordre moral. En particulier, les Constitutions de 1946 et 1958 ont longuement insisté sur ces points. Notamment, elles reconnaissent :

– le droit à chacun d'obtenir un emploi,

– le recours à l'action syndicale pour la défense d'intérêts professionnels et la proclamation du pluralisme syndical,

– le droit, pour tous les travailleurs, de participer à la gestion des entreprises par la désignation de délégués,

– la protection contre la vieillesse, la pauvreté ou la maladie,

– la solidarité des Français devant les calamités nationales.

Ces droits se retrouvent, pour l'essentiel et sous des modalités variées, à des degrés divers, dans la plupart des pays à tonalité chrétienne comparable. En outre, les proclamations constitutionnelles sont largement concrétisées par une législation abondante et précise sur tous les points ci-dessus. On observera que ces droits convergent avec quelques-uns de ceux revendiqués par d'autres familles d'esprit que la famille chrétienne. Peut-être est-ce davantage l'influence de celles-là qu'il faut incriminer que celle des idées chrétiennes.

L'autre terme qui définit la doctrine économique et sociale du christianisme est la modération. L'excessif répugne généralement à l'action chrétienne parce qu'il appelle fréquemment le conflictuel, c'est-à-dire le contraire de la volonté de pacification sociale. Deux exemples sont révélateurs.

Après avoir hésité, la doctrine chrétienne a fini par admettre la légitimité du recours à la grève, sous les réserves habituelles s'agissant de l'exercice d'un droit. C'est que ce mode d'action a paru, tout en revêtant un certain caractère conflictuel, être moins dommageable pour le corps social que son absence ou son interdiction totale. La violence eut été alors le seul exutoire. Voilà pourquoi les Constitutions qui l'admettent l'assortissent invariablement de limites raisonnables (cf. les jurisprudences concordantes du Conseil constitutionnel, de la Cour de cassation et du Conseil d'État).

Il en va ainsi de la plupart des textes constitutionnels contemporains et spécialement du Préambule de la Constitution de 1946 que reprend celui de 1958 *(« Le droit de grève s'exerce dans le cadre des lois qui le réglementent »)*.

Un autre exemple peut être tiré du problème des nationalisations. Le Pape Pie XI, dans sa fameuse lettre encyclique *Quadragesimo anno* de 1931, écrivait qu'il est légitime que l'État et les autres personnes publiques détiennent des biens de production lorsque ceux-ci *« en viennent à conférer une puissance économique telle qu'elle ne peut, sans danger pour le bien public, être laissée entre les mains de personnes privées* (A.A.S. XXIII, 1931, p. 214). Ce qui fonde la légitimité d'intervention de la puissance publique, c'est le pouvoir excessif qui serait ainsi conféré à une personne privée par la possession d'une position économique hégémonique. C'est bien l'idée de modération, ici dans l'exercice du pouvoir économique (qui peut être du pouvoir tout court), qui fonde la possibilité d'intervention de l'État. Ce n'est point, ce n'est nullement, comme on l'a parfois soutenu, la reconnaissance d'une vocation naturelle ou d'une aptitude naturelle de l'État à l'action économique. Le Préambule de 1946 s'inspire partiellement (mais partiellement seulement), de la pensée de Pie XI lorsqu'il édicte que : *« Tout bien, toute entreprise, dont l'exploitation a ou acquiert les caractères d'un service public national ou d'un monopole de fait, doit devenir la propriété de la collectivité. »* Ici le glissement vers une conception plus économique de l'interventionnisme étatique est patente. Néanmoins, les deux textes ne sont pas sans rapport ou sans filiation.

Au total, l'influence des idées chrétiennes sur le statut constitutionnel de l'économique et du social est assez grande.

On le voit, diverses et multiformes sont les influences chrétiennes sur les droits constitutionnels de nos États. Mais il ne s'est agi ici que d'apprécier les signes littéraires ou scripturaires de cette influence. Il faudrait encore pouvoir mesurer l'effectivité et l'efficacité de cette influence, c'est-à-dire sa réalité dans la pratique quotidienne des États, mais ce serait là l'objet d'un autre débat et d'une autre étude.

LES RACINES CANONIQUES DU DROIT ADMINISTRATIF FRANÇAIS

par M. Jean-Louis Mestre

Professeur à la Faculté de Droit
et de Science politique
de l'Université d'Aix-Marseille III

Pour dégager brièvement les racines canoniques du droit administratif, il faut écarter d'emblée la conception selon laquelle ce droit ne se serait formé qu'à partir de la Révolution de 1789. Cette conception s'avère beaucoup trop restrictive. En réalité, il existait, à la fin de l'Ancien Régime, un vaste corps de règles administratives, qui a servi de fondement, selon des modalités diverses et parfois complexes, aux constructions du XIXe siècle.

Or, ce vaste ensemble de règles administratives, qui s'était constitué du XIIIe au XVIIIe siècle, procédait de deux sources fondamentales. Le régime seigneurial, d'une part, qui assurait l'autorité, voire la toute-puissance des seigneurs dans leur terres – et du roi dans son domaine – sur les sujets. Et, d'autre part, ce qu'on appelle les *« droits savants »*, c'est-à-dire le droit romain et le droit canonique.

L'apport de ces droits s'est exercé sous deux formes complémentaires. Ils ont fourni un cadre conceptuel d'ensemble et ils ont suscité une multitude de progrès, de raffinements d'ordre technique. Ils l'ont fait de façon conjointe, et il s'avère souvent difficile d'essayer de dissocier la contribution du droit canonique de celle du droit romain. Mais, on doit constater tout de suite que le rôle joué par le droit canonique a été d'autant plus important que l'Église avait développé une grande administration, qui pouvait servir de modèle aux principautés temporelles, et que la réflexion des canonistes sur l'organisation et sur le fonctionnement des institutions ecclésiales a été particulièrement fructueuse.

De toute façon, pour rester dans le cadre prévu, nous nous contenterons d'évoquer quelques notions fondamentales qui sont passées du droit canonique dans le droit de l'administration laïque, et de présenter quelques indications sur un élément auquel l'actualité vient de conférer un surcroît d'intérêt : l'apparition au XIIIe siècle du contentieux électoral municipal, par la transposition des procédures en vigueur dans l'Église.

Un cadre conceptuel d'ensemble

Les canonistes ont répandu l'usage de différents concepts fondamentaux, comme ceux de *« bien commun »*, d'*universitas*, c'est-à-dire de personne morale, d'office, et ils en ont dégagé des applications multiples.

Concept primordial, celui de *« bien commun »*, de *« commun profit »*. Il exprime la notion romaine d'*utilitas publica* et jouit d'une grande faveur auprès des canonistes. La loi juste, selon le Décret de Gratien, c'est celle qui a été édictée *« pour l'utilité commune des citoyens »* et l'on sait que saint Thomas fera de la satisfaction du *« bien commun »* la finalité de la société politique. En matière administrative, ce concept va permettre de définir la mission des administrateurs, spécialement de ceux qui sont à la tête des villes de consulat et de commune : consuls, maires, échevins, conseillers doivent pourvoir au *« commun profit »* de leur cité, répondant ainsi aux vœux de la population qui s'est émancipée de l'emprise seigneuriale. Ils s'y engagent par serment lors de leur entrée en fonction. En contrepartie, cette prise en charge de l'intérêt collectif va être invoquée pour fonder les prérogatives de ces administrateurs municipaux, pour justifier les mesures qu'ils prennent, depuis la levée des impôts jusqu'à l'interdiction faite à ceux qui n'ont pas réussi à leurs examens d'exercer la médecine et la chirurgie.

Cette notion de *« bien commun »* vient imprégner aussi l'administration et la législation royales. Elle va même affecter les administrations seigneuriales et contribuer à régulariser l'exercice des pouvoirs que possèdent les seigneurs et leurs agents. Ainsi, la satisfaction de l'intérêt général apparaît-elle comme la finalité de l'action des administrateurs et comme le fondement des prérogatives dont ils disposent.

Autre concept fondamental, celui d'*universitas*. Les jurisconsultes romains l'employaient fréquemment pour désigner l'ensemble, par opposition aux parties qui le composent. Ils s'en servaient notamment pour qualifier des collectivités d'êtres humains, comme la République, les cités, les collèges, qui *« constituaient des groupes ayant une existence et une activité indépendantes de celles des individus qui les composent »*. Les textes du Digeste insistaient sur cette dissociation de l'*universitas* et de ses membres, notamment sur le plan de la procédure, et l'un d'eux ajoutait : *« Les cités sont considérées comme des personnes privées. »*

Sur la base de ces éléments, les juristes médiévaux, spécialement les canonistes, élaborent une véritable théorie de la personnalité morale. Le Pape Innocent IV assure que l'*universitas* représente une personne. Certes, elle n'est qu'un *« nomen intellectuale »,* une fiction, mais cela suffit pour la traiter comme un sujet de droit. D'ailleurs, Innocent IV, comme à la même époque le grand canoniste Hostiensis, dépasse l'analyse des dispositions d'ordre procédural pour montrer qu'il est de l'essence de l'*universitas* de former *« un groupe juridiquement constitué, possédant l'autorisation expresse ou tacite du supérieur compétent ».* Or, cette définition s'adapte parfaitement aux communes et aux consulats, qui constituent bien des corps juridiquement établis, et ce, avec l'accord de leurs seigneurs. Communes et consulats vont donc bénéficier de la personnalité morale et de tous les perfectionnements techniques que permet celle-ci, à commencer par la capacité d'ester en justice. Le maire ou les consuls représentent la communauté devant les juridictions, alors qu'auparavant, il fallait dresser la liste des habitants qui souhaitaient agir et celle des habitants qui refusaient d'agir. L'action était intentée au nom des premiers, qui supportaient seuls les frais de l'instance, ce qui soulevait des difficultés considérables...

De même, se développe la notion de propriété collective. L'*universitas* possède ses propres biens, distincts de ceux des membres qui la composent, comme les biens de l'Église sont distincts de ceux qui appartiennent personnellement aux clercs. Le droit canonique consacre en outre les notions d'affectation et d'inaliénabilité, qui commanderont ensuite le régime juridique des biens des collectivités laïques. Et ce ne sont là que des exemples, dont on peut en trouver d'autres dans le remarquable ouvrage de synthèse que le Père Michaud-Quantin avait consacré à la notion d'*universitas*. La notion de personnalité morale, qui joue un si grand rôle dans le droit actuel – en droit administratif, mais également, bien sûr, en droit privé – procède donc, pour une large part, de la réflexion novatrice des canonistes.

Cette réflexion s'est exercée également sur un autre concept chargé d'avenir : celui d'office. Légué par les juristes et les philosophes antiques, ce concept est repris au Moyen Age. Il est défini avec précision par saint Thomas : *« Officium » désigne la situation que constitue une fonction imposant un certain régime d'actes publics ».* A maintes reprises, on le retrouve dans les documents municipaux pour désigner la fonction des administrateurs. Ainsi, les consuls de diverses cités s'engagent, dans leur serment d'entrée en fonction, à *« exercer leur office bien et légalement ».* Et l'on sait la place essentielle que tiendra la notion d'office dans l'administration monarchique. Or, sur bien des points, le régime juridique des offices royaux, voire municipaux, procèdera des règles et des pratiques canoniques.

De façon générale, l'influence du droit et de la doctrine canonique s'est exercée dans de très nombreux domaines, comme l'a relevé le Doyen Le Bras : *« La véritable nouveauté fut la construction, entre le XIIe et le XVe siècle, d'une doctrine savante. Pour la première fois, l'Occident eut un ensemble de gloses, de questions, de monographies, de synthèses, sur les problèmes d'une administration publique : personne juridique, domaine, tutelle, services publics, polices, presque tous les chapitres d'un traité de droit administratif sont esquissés. »* Une bonne illustration de ce propos est fournie par l'apparition du contentieux électoral municipal.

L'apparition du contentieux électoral municipal

Nous venons de voir que les villes de commune et de consulat avaient bénéficié de la reconnaissance du statut d'*universitas*. Ces villes étaient administrées par un maire ou par des consuls qui constituaient l'exécutif municipal, par des conseillers dont les fonctions correspondaient à celles de nos conseillers municipaux. Ces diverses autorités étaient désignées, de façon très générale, par des élections. Or, l'Église donnait, depuis des siècles, l'exemple d'élections pontificales, épiscopales, abbatiales, dont le droit canonique régissait les modalités et assurait la régularité. Les dispositions canoniques ont donc inspiré la règlementation des élections municipales. D'abord en ce qui concerne les formes mêmes de l'élection. On retrouve dans les règlements municipaux le scrutin, c'est-à-dire le vote de l'ensemble des électeurs, qui indiquent individuellement leurs préférences, le succès revenant à celui qu'a désigné la majorité — ou, plus précisément, *« la majeure et plus saine partie »* — des opinants. On trouve aussi le compromis : les électeurs s'accordent pour remettre à un collège restreint de quelques personnes auxquelles ils font confiance, le soin de procéder à la désignation. Certains règlements municipaux, comme ceux de Saint-Jean-d'Angély, d'Angoulême ou de Limoges, prévoient même l'élection dite *« par la voie du Saint-Esprit »*, l'un des électeurs proposant solennellement un nom qui recueille l'unanimité.

Les dispositions du droit canonique ont également inspiré les règles destinées à garantir la régularité des élections, quelles que soient leurs formes, et à assurer la sanction de cette régularité. La procédure de l'appel, usitée au sein de l'Église, a été transposée devant les instances laïques. Ce vocable d'« appel », employé à l'époque de façon imprécise, recouvre en fait un véritable recours en annulation. L'appel provoque la « cassation », l'« annulation » de l'élection, s'il est fondé, c'est-à-dire qu'il fait ressortir, selon les formules de l'époque, *« un vice de l'élection elle-même »* ou bien *« un vice dans la personne de l'élu »*.

Le vice de l'élection peut être constitué par le fait qu'elle émane d'un organe incompétent. Ainsi était nulle, d'après le droit canonique, une élection faite par un corps électoral privé de sa compétence par une réserve pontificale. Le grief est retenu à l'encontre des élections municipales, comme le révèle le *Livre de Jostice et de Plet,* l'un des grands ouvrages de droit de la dernière période du règne de Saint Louis (il a dû être composé entre 1254 et 1270). Cet ouvrage rapporte l'annulation de l'élection d'un bourgeois de La Rochelle comme maire de la ville, cette élection n'ayant pas été effectuée par les cinq arbitres auxquels le soin de désigner le premier magistrat de la cité avait été officiellement dévolu.

Un second moyen d'annulation est constitué par le vice de forme. Une élection doit être cassée, toujours selon le *Livre de Jostice et de Plet,* si l'on n'a pas respecté *« l'en droite forme d'eslire »*. Là encore, sont transposées les règles du droit canonique, dont la minutie était remarquable, comme l'attestent les développements du *Tractatus de electionibus* qu'a rédigé le cardinal Guillaume de Mandagout, illustre canoniste originaire du Languegoc, qui fut archevêque d'Embrun à la fin du XIIIe siècle. Ces développements énumèrent et commentent une série de dispositions de forme, dont le respect était impératif. Ces dispositions régissaient la fixation de la date de l'élection et le choix du mode de scrutin ; elles exigeaient la convocation de tous les électeurs, tout en excluant l'intervention de ceux qui n'avaient pas qualité pour prendre part au vote ; elles imposaient l'obtention du quorum et la liberté du choix des électeurs, qui votaient séparément et en secret ; elles déterminaient la proclamation des résultats.

Ces règles du droit canonique servent de modèle. De nombreuses contestations de la validité d'élections municipales se fondent sur leur violation. D'abord, en ce qui concerne la fixation de la date de l'élection, qui ne doit pas avoir lieu de façon précipitée. Le *Livre de Jostice et de Plet* rapporte que l'élection d'un maire de Saint-Quentin aurait été cassée, pour avoir été fixée avant même que le maire en fonction ait succombé à la maladie, et pour avoir eu lieu avant son enterrement. De même, le Parlement de Paris annule l'élection des consuls d'Aurillac à laquelle il a été procédé en 1257, parce qu'elle a eu lieu avant la fin du mandat des consuls en charge, contrairement aux coutumes de la cité.

L'obligation de convoquer tous les électeurs est également sanctionnée de façon rigoureuse. Le fait de tenir l'un d'eux dans l'ignorance fournit matière à annulation. On reprend le principe du droit canonique : *« Plus nocet exclusio unius quam dissensus plurium »*, et on l'applique. En 1336, l'élection d'un consul d'Agde est « cassée et annulée » car l'un des électeurs n'a pas été appelé ! De la même façon, l'élection est invalidée quand le quorum n'a pas été atteint, lorsque, par exemple, la moitié des bourgeois de la commune n'a pas pris part au vote. Quant aux contestations fondées sur l'irrégularité de la proclamation des résultats, elles sont d'autant plus fréquentes et délicates que l'on admet souvent, conformément aux règles canoniques, qu'il faille donner la préférence à l'opinion de la *« majeure et plus saine partie de l'assemblée »*. Cette prise en compte d'un élément qualitatif dans l'appréciation des résultats, destinée à favoriser l'avis des personnes les plus éminentes, les plus dévouées au bien commun, soulève évidemment plus de difficultés qu'un simple calcul arithmétique.

Troisième grief qui entache la validité d'une élection, selon le droit canonique, le fait qu'elle n'ait pas été acquise pour son *« but »*, qui doit être *« le bien »*. En effet, pour qu'une élection soit valable, il faut que *« l'amitié ou la haine, qui faussent le jugement, ne soient pas prises en considération, que l'ambition et la vénalité soient tenues au loin »*. Le fait qu'un seul électeur se soit vu promettre de l'argent suffit à tout vicier. Or, de telles prescriptions se retrouvent dans de multiples constitutions municipales. Elles font défense aux électeurs de se laisser dominer par la haine, par l'inimitié, de céder à l'affection, à la parenté, ou de se laisser corrompre. Ainsi, le Parlement de Toulouse a-t-il invalidé toute une série d'élections acquises pour de l'argent.

D'autre part, une élection à laquelle ont procédé les instances municipales peut être cassée, comme une élection canonique, *« pour vice dans la personne de l'élu »*. Il en est ainsi dès lors que celui qui a été choisi ne remplit pas les conditions d'éligibilité. Conditions dont certaines ont été inspirées par celles qui régissaient l'accès à la prêtrise : il fallait avoir atteint un âge suffisant, vingt ans au moins ; être de *« bonnes mœurs, renommée et conversation »* ; se montrer de *«science convenable»* et se trouver exempt de certaines maladies. D'autres conditions étaient imposées par les statuts municipaux pour éviter certains abus : il était souvent nécessaire, pour être éligible, d'avoir son domicile dans le ressort de la commune ou du consulat ; il était également nécessaire de ne pas être apparenté à d'autres administrateurs en fonction, ou de n'avoir pas exercé la même charge peu de temps auparavant. La violation de ces principes entraînait l'invalidation de l'élection. Diverses décisions en ce sens du Parlement de Toulouse nous ont été conservées par les registres d'arrêts. Il arrivait même que ce fût l'élu en personne qui contestât sa propre élection, pour échapper à des responsabilités qui lui paraissaient excessives. Ainsi, en 1284, Arnaud de Fauga parvint à se soustraire à la fonction de capitoul de Toulouse : il fit valoir avec succès qu'il n'avait pas la qualité de citoyen de la ville, qu'il souffrait de surdité, et qu'il devait s'occuper de ses douze enfants !

Ces quelques exemples montrent que la transposition des règles et des procédures canoniques a permis d'améliorer et de moraliser la vie municipale. L'introduction d'un recours en annulation constitue un progrès considérable pour les membres des communes et des consulats. D'autant plus que ce recours ne concerne pas que les opérations électorales. Il permet aussi de faire annuler les délibérations des conseils municipaux. Il permet donc aux habitants d'obtenir la sanction de leurs droits et contribue à les faire échapper à l'arbitraire des titulaires de la puissance publique.

De façon générale, la pénétration du droit canonique – et des règles romaines – dans les matières de droit public a eu pour résultat d'améliorer non seulement la condition des habitants des communes et des consulats, mais encore celle des sujets des seigneurs et du roi. Certes, il est difficile d'apprécier l'écart qui devait séparer les affirmations de principe de la pratique quotidienne... Mais, on doit reconnaître que l'exercice des pouvoirs d'ordre administratif s'insère désormais dans un cadre juridique élaboré, dont la violation peut justifier des revendications. Un cadre juridique qui vise à satisfaire à la fois les exigences du bien commun et les intérêts légitimes des particuliers.

BIBLIOGRAPHIE

J. Gaudemet, *Les élections dans l'Église latine des origines au XVIe siècle*, 1979.

G. Le Bras, *Les origines canoniques du droit administratif*, in *L'évolution du droit public. Etudes offertes à Achille Mestre*, 1956.

J.L. Mestre, *La contribution des droits romain et canonique à l'élaboration du droit administratif*, in *Annuaire européen d'administration publique*, tome V, 1982

J.L. Mestre, *Un droit administratif à la fin de l'Ancien Régime : le contentieux des communautés de Provence*, 1976.

P. Michaud-Quantin, *Universitas. Expressions du mouvement communautaire dans le Moyen Age latin*, 1970.

L. Moulin, *Sanior et maior pars. Note sur l'évolution des techniques électorales dans les ordres religieux du VIe au XIIIe siècle*, in *Revue historique de Droit français et étranger*, 1958.

P. Ourliac,*Science politique et droit canonique au XVe siècle*, in *Etudes d'Histoire du Droit médiéval*, 1979.

P. Viollet, *Guillaume de Mandagout, canoniste*, in *Histoire littéraire de la France*, tome XXIV, 1915.

Présidence de Monsieur le sénateur Michel Giraud
Président du Conseil régional d'Ile-de-France

RELIGION ET DROIT ADMINISTRATIF

par M. Roland Drago

Professeur à l'Université de Droit,
d'Économie et des Sciences sociales de Paris

Président de la Société de Législation comparée
Président de la Société pour l'histoire
des Facultés de Droit

L'influence de la religion sur les diverses branches du droit dépend largement de l'objet de chacune des disciplines juridiques. Pour ce qui est du droit administratif, les réactions spontanées suggèrent encore aujourd'hui telles jurisprudences sur les sonneries de cloches ou les processions qui émaillaient, paraît-il, les cours de droit administratif de nos aînés. C'est que, effectivement, dans un État laïque dont la Constitution proclame la liberté de conscience et la liberté des cultes, les seuls rapprochements concevables semblent concerner la police. Il est même vrai que, dans tout État, même concordataire, l'existence de ces libertés suppose nécessairement des réglementations de police. On en veut pour preuve le Concordat de 1801 dont l'article premier, après avoir proclamé le libre exercice de la religion catholique, ajoute : *« son culte sera public, en se conformant aux règlements de police que le gouvernement jugera nécessaires pour la tranquillité publique ».*

Mais il serait discutable, tant du point de vue historique que du point de vue théorique, et finalement peu attrayant, de ne ramener les relations entre la religion et le droit administratif qu'à des problèmes de réglementation d'une liberté publique [1]. En effet, jusqu'à la loi de séparation du 9 décembre 1905 et mis à part l'intervalle de la période révolutionnaire, les institutions religieuses ont fait partie des institutions administratives de sorte que les interactions entre les institutions laïques et les institutions ecclésiastiques n'ont pu que laisser des traces profondes. Hauriou, dans une des dernières éditions de son *Précis* [2] qui précèdent la loi de séparation, divise le droit public en trois branches : le droit public individuel qui concerne les relations des citoyens avec l'État, le droit public corporatif qui est relatif aux relations des groupes avec l'État (personnes morales de droit public et personnes morales de droit privé ayant des activités non lucratives), enfin le droit public ecclésiastique [3].

1. On n'abordera qu'indirectement dans cette étude le problème de la liberté religieuse et le problème de la liberté d'enseignement qui en est le corollaire. Ces matières ressortissent au droit constitutionnel et leur examen en soi sortirait du domaine des relations entre la religion et le droit administratif.

2. Maurice Hauriou, *Précis de droit administratif et de droit public général,* 4e éd., 1901, p. 146 et s.

3. Il s'agit du Livre II de la 1re partie, livre qui est consacré à ce qu'Hauriou appelle *« les existences sociales dans le régime d'État »* (p. 54 et s.).

A cette époque, ce droit, fondé sur le Concordat de 1801 et sur les articles organiques de la loi du 18 germinal de l'an X (8 avril 1802) (on disait *« les organiques »*), concernait toute l'organisation du culte catholique en France. Celui-ci était le seul à trouver son fondement juridique à la fois dans une disposition du droit international public (sans vouloir revenir sur la nature juridique des concordats) et dans une disposition du droit interne. Au contraire, la religion protestante ne relevait que du droit interne, c'est-à-dire, au départ, de la loi du 18 germinal de l'an X. Il en était de même pour la religion judaïque, non pas sur la base des organiques mais sur la base des décrets du 17 mars 1808, de la loi du 8 février 1831 et de l'ordonnance du 25 mai 1844.

Cette longue cohabitation ne pouvait qu'entraîner des interférences. Si, selon Hauriou, le droit administratif français date de la loi du 28 pluviose de l'an VIII [4], les relations entre la religion et le droit administratif doivent avoir cette date comme point de départ. Mais la monarchie, surtout au XVIIIe siècle, connaissait un droit administratif et il est indispensable de rechercher dès cette époque les origines religieuses des institutions administratives [5].

La recherche s'étendra donc sur deux siècles environ, avec, évidemment, la grande cassure réalisée par la loi de 1905. Mais cette cassure présente, à propos des relations entre la religion et le droit administratif moins d'importance qu'on peut penser. D'abord parce que le droit administratif français, avant comme après, continuera à être nettement marqué par une dialectique jurisprudentielle ou doctrinale inspirée de la religion catholique (on s'en tiendra désormais à elle seule). Ensuite parce que, avant comme après, le régime de police de la liberté religieuse a obéi aux mêmes principes. Certes, le mot « religion » est, à ce titre, ambigu car il serait plus facile d'évoquer les couples « Église catholique et droit administratif » ou « Droit canonique et droit administratif ». Même ambigu, le terme de « religion » a pourtant une signification très large qui donne donc plus d'étendue à la recherche.

4. L'assertion d'Hauriou peut d'ailleurs être discutée. Il est préférable de situer ce point de départ à la Constitution du 22 frimaire de l'an VIII qui crée le Conseil d'État, ou encore sous la Monarchie de Juillet avec le développement du recours pour excès de pouvoir et du recours de plein contentieux, ou encore avec la loi du 24 mai 1872 sur le Conseil d'État (v. Auby et Drago, *Traité de contentieux administratif*, 2e éd., 1975, nº 988 et s. ; nº 1262 et s.).

5. Tel est l'objet de l'étude de M. Jean-Louis Mestre, *infra*, p. 84.

On a prononcé à plusieurs reprises le mot d'interférences. Celles-ci sont de deux ordres et en sens contraire. D'une part, la religion catholique a apporté certaines de ses notions essentielles au droit administratif. D'autre part, le droit administratif a intégré, à son tour, un certain nombre de notions provenant de la religion catholique.

I. *La religion catholique a apporté certaines de ses notions essentielles au droit administratif*

Le droit administratif est un droit laïc. Il l'est dès ses origines à quelque époque que l'on se place. La suppression du « service public du culte » en 1905 a été précédée d'une longue période de lutte contre l'Église catholique qui commence à peu près en 1880. Aujourd'hui encore, les projets d'abrogation ou de modification substantielle des lois de 1959 et 1977 relatives à l'école libre (expression remontant à la loi Falloux de 1850) vont dans le sens d'une laïcisation encore plus grande des institutions administratives.

Mais la laïcité de l'État et celle du droit administratif ne prévalent pas contre des influences plus profondes car il s'agit d'influences intellectuelles qui transcendent la volonté même des administrateurs et des juges. Il s'agit moins évidemment de bases au sens où l'on parle des *« bases constitutionnelles du droit administratif*[6] *»* que de méthodes d'action ou d'interprétation. On les découvrira en étudiant les trois questions essentielles suivantes :

— structures religieuses et structures administratives,
— recours pour abus et recours pour excès de pouvoir,
— la théorie de l'institution.

A. **Structures religieuses et structures administratives**

C'est seulement il y a une trentaine d'années que des recherches ont été entreprises sur l'administration de l'Église et sur celle des or-

6. Voir l'étude de Georges Vedel, *Les bases constitutionnelles du droit administratif,* C.E., Et. et Doc., 1954, p. 21 et s. V. également G. Vedel et Delvolve, Introduction à la 8e éd. du *Droit administratif,* 1982. Mais le fondement essentiel de notre étude se trouve dans l'article de Gabriel Le Bras, *« Les origines canoniques du droit administratif », Études en l'honneur d'Achille Mestre,* 1956, p. 395 et s.

dres et congrégations. Les travaux de Léo Moulin [7] et de Georges Langrod [8] ont appliqué aux institutions religieuses les méthodes de la science administrative et montré que, souvent, les institutions ecclésiastiques et surtout les institutions des communautés avaient pu servir de modèles aux institutions administratives laïques. Plus exactement, les problèmes structurels qui s'y rencontrent sont de même nature que ceux qui se rencontrent dans les institutions laïques et les ont nécessairement précédés. La comparaison est surtout évidente en ce qui concerne les communautés religieuses, d'une part, et les administrations locales ou les administrations spécialisées (établissements publics, ordres), d'autre part [9].

On découvre dans ces communautés, dont beaucoup sont évidemment antérieures au XIXe siècle, des méthodes d'administration dont on retrouve les principes dans les administrations locales instituées en France à partir de l'époque révolutionnaire. Il appartiendrait d'ailleurs à des historiens d'établir une filiation encore plus précise à propos des institutions locales de l'Ancien Régime dans les provinces, de la réforme réalisée par l'Édit de 1787 ou des procédures d'élection aux États généraux.

Pour s'en tenir aux notions, on constatera que les plus essentielles sont connues des communautés religieuses : personnalité juridique et décentralisation, distinction entre l'autorité délibérante et l'autorité exécutive, élection des exécutifs au premier ou au second degré, tutelle (du Saint-Siège ou de l'évêque), déconcentration ou décentralisation, pratique de la procédure consultative, sélection, formation et régime disciplinaire des religieux, principe hiérarchique, compétence, délégation de compétence, suppléance. Cette parenté se prolonge jusque dans les termes puisque, dans beaucoup de pays étrangers, on parle de « noviciat » pour la période de formation des fonctionnaires et qu'en France, depuis 1956, l'expression *« administration de mission »* est employée pour définir une administration nouvelle bâtie à côté de l'administration traditionnelle [10].

7. Léo Moulin, *La science politique et le gouvernement des communautés religieuses,* R.I.S.A. 1951, n° 1 ; *Le gouvernement des communautés religieuses comme type de gouvernement mixte,* R.F.S.P. 1952, avril-juin ; *Les formes de gouvernement local et provincial dans les ordres religieux,* R.I.S.A. 1955, n° 3.

8. G. Langrod, *Pour une étude des aspects administratifs de l'Église catholique,* Rev. Adm., 1972, p. 647.

9. V. une bonne étude de cette question dans la thèse de doctorat de Patrick Brunot, *L'administration des congrégations religieuses,* thèse, Paris II, 1973. Avant de procéder à une synthèse

Sans doute ces notions diffèrent – c'est bien le cas de le dire – par l'esprit. Les structures administratives laïques sont, en quelque sorte, neutres en ce sens que leur finalité n'est jamais définie, de telle manière d'ailleurs qu'elles ont tendance à vivre par elles-mêmes. Les structures administratives religieuses sont au contraire inspirées. Pour s'en tenir aux communautés et, bien entendu, spécialement aux ordres, c'est la foi qui en est le ciment et elles font appel, pour leurs membres, à ce qu'il y a de plus profond en eux.

La comparaison est donc nécessairement superficielle, mais elle a quand même une valeur institutionnelle, d'où, d'ailleurs, l'importance de la théorie de l'institution telle qu'on l'examinera plus loin.

Le fonctionnement de l'administration ecclésiastique au-delà du cadre national et à propos du Saint-Siège pouvait conduire à des conclusions autrement importantes [11], mais on a tenu à rechercher uniquement les corrélations avec le droit administratif français. Justement à ce propos, ces corrélations semblent plus pertinentes avec les administrations locales et les établissements publics qu'avec les administrations d'État. Ou, si l'on veut, la comparaison est plus évidente avec les institutions du clergé régulier qu'avec celles du clergé séculier. C'est, sans doute, parce que l'autonomie dont disposent les ordres et congrégations les conduit à se comporter en microcosmes administratifs. Par là-même, la notion de personnalité morale de droit public et son application la plus caractéristique qui est celle d'établissement public supportent une comparaison plus facile avec celle d'ordre ou de congrégation.

Peut-on aller au-delà ? On voudrait prendre comme exemples les établissements publics du culte tels qu'ils résultaient des articles organiques, c'est-à-dire les menses, séminaires et fabriques. Selon la législation impériale, aggravée sous la IIIe République (voir par exemple le décret du 27 mars 1893 soumettant les fabriques au régime de la comptabilité publique), ces établissements publics étaient dits *« mixtes »* en ce sens qu'ils étaient gérés par un conseil où les membres de droit et les membres nommés représentaient à la fois le clergé et les

comparative, l'auteur étudie l'administration de trois instituts religieux pris à titre d'exemples : la Compagnie de Jésus, la Congrégation des Prêtres du Sacré-Cœur de Bétharram, la Congrégation des Filles de la Croix dites Sœurs de Saint-André.

10. V. R. Pisani, *Administration de mission, administration de gestion*, R.F.S.P. 1956, p. 315 ; R. Drago, *Science administrative*,1980, p. 74.

11. V. Joël-Benoît d'Onorio, *Le système institutionnel du Saint-Siège*, Thèse Aix-Marseille III, 1981.

fidèles ainsi que l'autorité publique. La réforme de 1893 pouvait être considérée comme manifestant, de la part de l'État, une volonté de s'intégrer plus complètement les établissements publics du culte (en les assimilant aux établissements de bienfaisance) alors que le concordat proclamait la liberté du culte catholique. De ce point de vue, on hésitera toujours entre le procédé du « cheval de Troie » soutenu à l'époque par les ennemis de l'Église et la « nationalisation » qui incorpore à l'État des établissements religieux. Après tout, le procédé des « établissements d'intérêt public » suggéré par l'actuel gouvernement pour les écoles libres sous contrat peut aussi être interprété dans les deux sens. Et même le procédé du contrat utilisé par la loi du 31 décembre 1959 comporte la même ambiguïté. Plus généralement, le « servicc public du culte » avait-il toujours bénéficié de la liberté voulue par le concordat ou ne servait-il pas, à une époque ou à une autre, les ambitions du gouvernement ? C'est un problème qu'on retrouvera.

B. **Recours pour abus et recours pour excès de pouvoir**

Le recours pour excès de pouvoir est l'institution la plus parfaite du régime administratif français. Il est aussi, si l'on veut, l'instrument de la naissance d'un droit administratif dégagé des textes en l'absence de toute codification. Né sous la Monarchie de Juillet, développé sous le Second Empire, il a acquis sa forme définitive sous la IIIe République, mais les techniques de contrôle n'ont cessé de se développer jusqu'à l'actuel contrôle des motifs porté à son maximum avec le procédé de l'erreur manifeste d'appréciation.

Or, avant même de naître, le recours pour excès de pouvoir existait déjà dans les relations entre l'Èglise (c'est-à-dire le clergé et les fidèles) et l'administration sous la forme du recours pour abus institué par la loi du 18 germinal de l'an X [12].

En ce qui concerne les abus de la part des autorités ecclésiastiques, l'article 6 de la loi les définit comme suit :

« 1° l'usurpation ou l'excès de pouvoir ; 2° la contravention aux lois et règlements de la République » 3° l'infraction aux règles consacrées par les canons reçus en France ; 4° l'attentat aux libertés, franchises et coutumes de l'Église gallicane ; 5° et toute entreprise ou tout procédé qui, dans l'exercice du culte, peut compromettre l'hon-

12. Sur le recours pour abus, V. E. Laferriere, *Traité de la juridiction administrative*, 2e éd., t. II, p. 82 et s. ; J. de Lanversin, *L'appel comme d'abus dans la jurisprudence du Conseil d'État*, Rev. Adm. 1962, p. 274 et s. ; p. 384 et s.

neur des citoyens, troubler arbitrairement leur conscience, dégénérer contre eux en oppression ou en injure ou en scandale public. »

Quant à l'abus émanant de l'autorité civile, l'article 7 de la loi décide : *« Il y aura pareillement recours au Conseil d'État s'il est porté atteinte à l'exercice public du culte et à la liberté que les lois et règlements garantissent à ses ministres. »*

Sans doute, le recours pour abus était-il porté devant le Chef de l'État statuant en Conseil d'État. Mais c'était le cas, à l'époque, pour tous les recours portés devant la justice administrative. Il est vrai que la justice retenue a été abandonnée par la loi du 24 mai 1872 alors que, jusqu'en 1905, le recours pour abus a continué à relever du décret en Conseil d'État. Mais, à cette époque, le recours pour excès de pouvoir avait déjà acquis ses caractères définitifs.

Cette réserve étant faite, on voit que les organiques codifient, avant son apparition, tous les éléments de ce que sera le recours pour excès de pouvoir. Même le mot y figure et la notion même se trouve déjà définie. Au surplus, le ministère d'avocat n'est pas obligatoire et la notion d'intérêt pour agir est très largement entendue (art. 8 de la loi : *« le recours compétera à toute personne intéressée... »*). Même le détournement de pouvoir est admis (C.E., 7 août 1895, *abbé Lesage*) et le renvoi au Conseil d'État est de droit au cas où une question préjudicielle d'abus est invoquée devant la juridiction répressive (Cass. crim., 5 décembre 1878). Certes, il n'existe pas de délai (C.E., 24 mars 1897, *abbé Bailly*) mais la situation est identique, à l'époque, pour le recours contre les délibérations nulles de droit des conseils municipaux et des conseils généraux jusqu'à l'abrogation des textes les concernant par la loi du 2 mars 1982.

Il serait certes abusif de voir dans le recours pour abus l'ancêtre exclusif du recours pour excès de pouvoir. D'autres influences ont pu jouer, qu'elles tiennent à des motifs de principe ou à des circonstances contingentes [13]. Il n'empêche que la parenté est évidente : respect de la règle de droit, défense des droits des individus. Le Conseil d'État aura été le creuset où les deux recours se sont fondus.

C. La théorie de l'institution

Le droit révolutionnaire avait créé une société *« atomistique »*, selon l'expression de Duguit, c'est-à-dire une société dans laquelle l'individu se trouve seul en face de l'État. En cela il s'opposait au droit de l'Ancien Régime, mais aussi au droit de l'État tel qu'il résulte

13. V. sur cette question, P. Sandevoir, *Études sur le recours de pleine juridiction*, 1964, p. 263.

de la théorie thomiste. Or il apparaissait que cette analyse, même si elle permet de justifier les droits des citoyens contre l'État, était irréaliste. Hauriou devait le montrer avec éclat et ce n'est pas un hasard s'il a été à la fois un des maîtres les plus éclatants du droit administratif et celui qui a redonné vie à la théorie de l'institution, non seulement en elle-même mais pour expliquer le droit administratif [14].

On rappellera que, selon Hauriou, l'institution est une *« idée d'œuvre »* qui se réalise juridiquement dans un milieu social donné. A l'intérieur de l'institution, un pouvoir s'organise qui se traduit par l'existence d'organes émanant du groupe et dont les relations sont réglées par des procédures.

Théorie d'inspiration religieuse, expliquant le système des ordres et congrégations, l'institution se transpose aisément au droit administratif, droit de personnes morales. Elle donne leurs bases conceptuelles aux collectivités territoriales et aux établissements publics, mais aussi aux associations (et notamment aux établissements d'utilité publique) et aux fondations. Il faut relire aujourd'hui les passages qu'Hauriou consacre, dans cette optique, au *« droit public corporatif* [15] *»* pour se rendre compte de l'importance qu'il donne aux idées d'autonomie et de liberté par rapport à l'action envahissante de l'État. Une grande partie de sa conception du droit administratif correspond donc à cette idée de la liberté des institutions conciliée avec la liberté individuelle.

Comme on le sait, les idées d'Hauriou furent reprises et amplifiées par son disciple Georges Renard, d'abord professeur de droit administratif à la faculté de Droit de Nancy, entré ensuite dans l'ordres des Frères Prêcheurs et professeur au Saulchoir [16]. Pour Renard, les rapports entre les hommes s'établissent, d'une part, par le contrat qui règle, sur le terrain de l'égalité, les rapports entre deux personnes et, d'autre part, par l'institution à l'intérieur de laquelle les individus vivent nécessairement.

Le droit administratif, tel que le conçoivent Hauriou et Renard, est d'inspiration nettement antijacobine. Il tire les leçons de l'échec de la société individualiste conçue à l'époque révolutionnaire et se

14. De Maurice Hauriou, il convient de citer à ce propos les œuvres suivantes : *Le phénomène de l'institution* dans *Science sociale traditionnelle,* 1896 ; *La théorie de l'institution et de la fondation,* 4e Cahier de la Nouvelle Journée, 1925 ; *Précis de droit constitutionnel,* 2e éd., 1929, p. 34 et 58.

15. *Précis de droit administratif et de droit public général,* 4e éd., 1901, p. 102 et s.

16. V. G. Renard, *La théorie de l'institution. Essai d'ontologie juridique,* 1930 ; *L'institution, fondement d'une rénovation de l'ordre social,* 1933.

conçoit comme un système juridique où la décentralisation, fondée sur l'existence de la personnalité juridique et l'indépendance des organes, compense la toute puissance de l'État [17].

II. *Le droit administratif a intégré des notions provenant de la religion catholique*

Les bases du droit administratif des cultes sont constituées par la loi du 9 décembre 1905 concernant la séparation des Églises et de l'État et par la loi du 2 janvier 1907 provoquée par le refus des associations cultuelles exprimé en 1906 par Pie X dans l'encyclique *Gravissimo.* Il faut y ajouter la loi du 1e juillet 1901 relative au contrat d'association, non seulement ses dispositions générales, mais aussi son titre III concernant les congrégations.

Il est fréquent d'entendre dire aujourd'hui, dans certains milieux catholiques, que la loi de séparation a servi l'Église catholique, qu'elle l'a affranchie de l'emprise de l'État et qu'elle lui a permis de retrouver l'essentiel de sa mission [18]. C'est cependant oublier qu'elle a été précédée de plus de vingt années de mesures restrictives prises à l'encontre de la hiérarchie ecclésiastique et des congrégations, et qu'elle s'est appliquée dans un climat d'intolérance dont on mesure mal la portée encore aujourd'hui [19]. C'est oublier aussi, comme l'écrivait Gabriel Le Bras [20], *« les pertes matérielles qui ont réduit à la misère beaucoup de prêtres, la baisse des pratiques, enfin, le vent de désolation qui a soufflé sur la France pendant les années de haine civile ».*

Les textes cités plus haut sont donc les seuls qui concernent les relations entre l'Église et l'État [21]. L'intégration des éléments religieux dans le droit administratif se situe sur trois plans : la réception par le droit administratif des règles canoniques, le respect par l'Église des règles du droit administratif des cultes, le régime administratif des congrégations.

17. La même idée devait se retrouver par la suite chez Léon Michoud, *La théorie de la personnalité morale,* 3e éd., par L. Trotabas, 1932.

18. V. notamment C.A. Colliard, *Libertés publiques,* 6e éd., 1982, n° 324 et s.

19. V. la thèse de doctorat de l'abbé Pomarède, *La séparation de l'Église et de l'État en Périgord,* Institut catholique de Toulouse, 1975.

20. G. Le Bras, *Le Conseil d'État régulateur de la vie paroissiale,* C.E., *Et. et Doc.,* 1954, p. 63 et s., spécialement p. 76.

21. On laissera de côté les départements où continue de s'appliquer le Concordat. Il s'agit des trois départements du Haut-Rhin, du Bas-Rhin et de la Moselle (v. Encyclopédie Dalloz, *Droit administratif,* V° Cultes, n° 245). Il s'agit aussi, ce que l'on sait moins, d'un département d'outremer, la Guyane, où la loi de 1905 n'a pas été introduite. C'est le préfet qui y « ré-

A. **La réception par le droit administratif des règles canoniques**

On a déjà dit que le Concordat n'excluait pas l'exercice par l'autorité civile de son pouvoir de police. Il suffit d'ailleurs de rappeler l'arrêt rendu par la Chambre criminelle de la Cour de cassation le 3 août 1810 dans l'affaire dite *« des tapisseries »* et dans lequel la Haute Juridiction affirme, pour la première fois, le droit pour la juridiction répressive d'accueillir l'exception d'illégalité à propos des règlements de police municipale.

Il y a donc eu, jusqu'en 1905, coexistence du recours pour abus, du recours pour excès de pouvoir et de l'exception d'illégalité. Et il y avait fin de non recevoir tirée du recours parallèle au cas où l'acte de l'autorité civile pouvait être déféré pour abus, de sorte que le recours pour excès de pouvoir n'était pas recevable[22].

Mais il est vrai que, après la disparition du Concordat, le Conseil d'État est devenu le *« régulateur de la vie paroissiale »* selon l'expression de Gabriel Le Bras [23]. A l'occasion des recours dirigés contre les actes de l'autorité municipale, spécialement entre 1905 et 1920, il a assuré la paix religieuse et, en même temps, enrichi la théorie administrative du pouvoir de police en assurant la *« conciliation »* entre les impératifs de la tranquillité publique et les exigences de la liberté religieuse et les droits des fidèles.

Cette jurisprudence est trop connue pour qu'on y insiste. Au demeurant elle a été brillamment analyse dans l'étude de Gabriel Le Bras. On voudrait surtout étudier à travers elle le phénomène de *réception »* au sens du droit comparé — des règles canoniques par le droit administratif.

On connaît déjà la jurisprudence sur le caractère *« traditionnel »* des processions à partir des règles du rituel canonique, sur l'interruption de cette tradition et ses motifs, sur le port du viatique et sur la participation du clergé aux obsèques.

Il est encore plus significatif que, à propos des associations cultuelles et des droits des desservants, il intègre les *« règles d'organisation générale du culte »* au sens de l'article 4 de la loi de 1905. L'association doit avoir été autorisée par l'évêque et le desservant doit être le curé légitime désigné par l'évêque. Voici comment s'exprime l'arrêt du 28 juillet 1911, *abbé Rougegré* (D.1912. III.33, concl. Chardenet) :

voque » les membres du clergé sur proposition de l'évêque (C.E., 9 octobre 1981, *Beherec*, p. 358).

22. V. Laferrière, *op. cit.*, t. II, p. 88.

23. Article cité (note 20) avec une abondante bibliographie.

« Considérant qu'à la date où est intervenu le décret attaqué, l'association qui s'est constituée à Sains-les-Fressin avait fait appel, pour la célébration du culte, à un prêtre qui ne reconnaissait pas la hiérarchie ecclésiastique et s'était maintenu en possession de l'église paroissiale malgré une décision de l'évêque désignant un autre prêtre pour desservir la paroisse ; que, dans ces conditions, les requérants sont fondés à soutenir qu'elle ne s'était pas conformée aux règles d'organisation générale du culte catholique suivant prescription de l'article 4 de la loi du 9 décembre 1905, et qu'ainsi le décret lui attribuant les biens de l'ancienne fabrique et, par voie de conséquence, en vertu de l'article 13 ci-dessus rappelé, la disposition exclusive des édifices servant du culte est entâchée d'illégalité [24]. *»*

B. **Respect par l'Église des règles du droit administratif des cultes**

Ces règles concernent principalement le régime des édifices affectés au culte. L'article 12 de la loi de 1905 décide que les édifices et leur mobilier sont propriété de l'État, des départements et des communes. Mais, selon l'article 13, ces biens sont laissés gratuitement à la disposition des associations cultuelles. Celles-ci n'ayant pu être constituées, l'article 5 de la loi du 2 janvier 1907 décide : *« A défaut d'associations cultuelles, les édifices affectés à l'exercice du culte, ainsi que les meubles les garnissant, continueront, sauf désaffection dans les cas prévus par la loi du 9 décembre 1905, à être laissés à la disposition des fidèles et des ministres du culte pour la pratique de leur religion. »*

La notion d'affectation est, selon la jurisprudence, l'élément essentiel de la domanialité publique. Mais ce critère s'applique à l'affectation à un service public ou au public lui-même. Or il ne s'agit ici d'aucun de ces deux cas mais de l'affectation à une partie du public, celle constituée par le clergé et les fidèles. C'est donc une notion très spécifique de l'affectation qui apparaît ici, comme devait le souligner René Capitant dans sa célèbre note relative aux stalles de l'église de Barran [25].

Cette notion particulière de l'affectation en montre toutes les difficultés, mais elle est très vigoureusement sanctionnée par l'article 13 de la loi de 1905. La désaffectation peut être décidée par décret si le

24. Le même raisonnement est fait à propos de l'occupation de l'église Saint-Nicolas-du-Chardonnet (T.G.I. Paris, 1er avril 1977, J.C.P. 1977. II.18665, note Seffert).

25. C.E., 17 février 1932, *Commune de Barran,* D.1933.III.49, note René Capitant.

culte cesse d'être célébré pendant plus de six mois (sauf le cas de force majeure), si les règles concernant la législation des monuments historiques ne sont pas respectées, enfin si l'association (ou le clergé et les fidèles après la loi de 1907) *« cesse de remplir son objet ou si les édifices sont détournés de leur destination ».*

Les édifices sont, comme on l'a rappelé, affectés au clergé et aux fidèles *« pour la pratique de leur religion ».* C'est ici l'occasion de signaler un certain nombre de pratiques actuelles qui sont toutes contraires à la loi : la vente ou l'abandon d'objets mobiliers servant au culte par les desservants (même pour un bon motif), la vente de journaux et de revues dans les édifices du culte, l'organisation de spectacles payants dans les églises (concerts de musique sacrée ou profane, pièces de théâtre, etc.), l'organisation de cérémonies omnicultes.

Toutes ces pratiques sont illégales, sans même qu'on ait à se poser la question de leur régularité canonique. Elles sont illégales au regard de la loi civile et pourraient justifier la désaffectation des édifices sur la base de l'article 13. Il est évidemment paradoxal que ce soit la législation civile qui interdise des pratiques que les autorités ecclésiastiques d'aujourd'hui admettent, même avec une certaine bonne conscience. Quand ces règles ont été instituées, elles étaient destinées à consacrer le libre exercice du culte. Pourrait-on croire que, de nos jours, l'exercice du culte et la pratique de la religion — deux termes employés par les lois de 1905 et 1907 — ont changé de contenu ?

Sur ce point encore, le droit administratif a opéré la réception des règles canoniques. Mais qu'en est-il lorsque les règles canoniques ne sont plus respectées ? La « crise de l'Église » justifie tout et il est sans doute vain d'appeler, dans ce cas, un certain recours au « bras séculier ». Mais l'indifférence des autorités publiques n'est peut-être qu'une nouvelle forme de ce qu'Hauriou appelait *« un* Kulturkampf *administratif engagé contre le culte catholique ».*

C. Le régime administratif des congrégations

S'exprimant à propos de la loi de 1901 dont il avait été le promoteur, et plus spécialement à propos du titre relatif aux congrégations, Waldeck-Rousseau devait déclarer : *«* (elle) *demeurera dans notre droit public un statut permanent ou elle n'y laissera la trace que d'un expédient passager, suivant qu'elle gardera son caractère de loi de contrôle ou qu'on tentera d'en faire une loi d'exclusion ».*

En prenant des mesures restrictives à l'égard des congrégations, la République considérait qu'elle continuait la tradition monarchique de lutte contre le clergé régulier. Mais Combes qui devait appliquer la loi après la démission du Cabinet Waldeck-Rousseau, en fit une *« loi d'exclusion »*. Des milliers de congrégations furent interdites ou ne furent pas autorisées.

Mais le résultat fut autre qu'il l'avait prévu car, à partir de 1914, le titre III de la loi de 1901 est entré en sommeil. Le régime des congrégations est alors devenu, en partie au moins, un régime en marge de la loi [26].

Les congrégations non reconnues ont une existence de fait mais considérée comme licite dès le moment où le « délit de congrégation » prévu par l'article 16 de la loi n'existe plus depuis l'abrogation de cet article par la loi du 8 avril 1942. Leur seul problème consiste à trouver un support juridique dans une formule tirée du droit privé (association, société civile). Même, au-delà, la jurisprudence a admis l'existence de « congrégation de fait » à partir du même raisonnement qui fait reconnaître la personnalité civile aux sociétés de fait ou aux associations non déclarées.

Quant aux congrégations reconnues, leur régime résulte aujourd'hui de la loi du 8 avril 1942 qui a modifié la loi de 1901. Cette loi de Vichy est appliquée sans difficulté et aboutit à donner aux congrégations reconnues un statut identique à celui des associations reconnues d'utilité publique. La reconnaissance intervient sur avis conforme du Conseil d'État (section de l'Intérieur), de même que la dissolution (art. 13 de la loi de 1901). C'est là un cas relativement exceptionnel en droit administratif, le Conseil d'État détenant par conséquent la maîtrise du contrôle sur les congrégations. Pour le surplus, les congrégations reconnues sont soumises à une tutelle qui les intègre dans le système administratif : obligation de fournir la liste des membres, tenue d'une comptabilité et d'un compte financier.

Finalement, la pratique administrative concernant les congrégations non reconnues et les congrégations reconnues est aujourd'hui d'une très grande souplesse. Pour elles, la loi de 1901 n'est même plus, dans beaucoup de cas, une « loi de contrôle » et on peut presque dire qu'elles vivent en marge du droit administratif.

□

26. V. F. Mejan, *Le régime des congrégations, dans l'histoire, en droit canonique et en droit français*, Rev. Adm., n° 53 et 54, 1956. Pour la période antérieure, v. J.P. Machelon, *La République contre les libertés*, 1976, p. 352 et s.

Est-il concevable que, dans un État quel qu'il soit, la religion soit considérée comme une affaire privée, totalement soustraite à une quelconque emprise des autorités administratives ? C'est bien la tendance de certaines parties de l'Église post-conciliaire avec son rejet du « juridisme ». On remarquera cependant que même le nouveau Code de droit canonique de 1983 s'inspire sur certains points du droit administratif français [27]. Mais tout se passe comme si l'Édit de Milan avait marqué à jamais les relations entre l'Église et la société civile.

La laïcité de l'État, d'une part, la reconnaissance de la liberté de conscience, de la liberté des cultes et de la liberté de l'enseignement, d'autre part, ne peuvent engendrer l'existence de deux systèmes distincts et séparés. La nature des choses veut que, dans la vie quotidienne, des rapports existent entre les administrations civiles et le clergé et les fidèles. Toute vision « séparatiste » serait empreinte de naïveté et d'irréalisme.

27. V. J. Passicos, *Droit canonique et droit comparé aujourd'hui. Renouvellement d'une problématique ?*, R.I.D.C., 1981, p. 17 et s., spécialement p. 25.

Professeur à la Faculté de Droit
de l'Université de Lyon III
Directeur du Centre Paul Roubier
Directeur honoraire de la Faculté de Droit de Beyrouth

RELIGION ET DROIT PÉNAL

par M. Albert Chavanne

Présidence de Maître Bernard de Bigault du Granrut
Bâtonnier de l'Ordre des Avocats à la Cour de Paris

Le droit pénal est celui qui met en œuvre la solution répressive au problème posé par l'infraction. A ce titre, il présente de nombreux aspects. Il doit tout d'abord dégager une théorie générale de l'infraction avec ses divers éléments matériels et moraux et notamment une théorie de la culpabilité et de l'intention. Il doit aussi définir les divers comportements qu'il entend interdire et les sanctions à apporter à la violation de ces interdictions et c'est l'immense domaine du droit pénal spécial, en constante augmentation quantitative avec la complexité croissante de la société. Par antithèse d'ailleurs, le droit pénal, que l'on considère volontiers seulement comme un droit sanctionnant des interdits, définit par le même coup le champ d'application de nos libertés puisque tout ce qui n'est pas défendu est permis.

Le droit pénal doit prévoir les sanctions des interdictions qu'il édicte ainsi que la procédure de mise en œuvre de ces sanctions.

Le droit pénal français est inévitablement imprégné de christianisme puisque le christianisme est un des éléments de base de la civilisation occidentale.

Il ne peut s'agir cependant que d'une imprégnation (fidèle ou pas fidèle, c'est un problème que nous retrouverons) pour la raison très simple que notre droit pénal, comme du reste tout notre droit, est laïque. La loi du 9 décembre 1905 sur la séparation des Églises et de l'État pose dans son article 2 le principe que la République ne reconnaît aucun culte. La Constitution du 4 octobre 1958 proclame également que *« la France est une république... laïque. Elle assure l'égalité devant la loi de tous les citoyens sans distinction d'origine, de race ou de religion »*. Ainsi que le disait le doyen Vedel, « la laïcité correspond à l'affirmation que l'État considère la croyance ou l'incroyance religieuse comme affaire privée » (*Manuel élémentaire de droit constitutionnel*, p. 318). Le professeur Rivero analyse de façon voisine le principe en disant : *« la conscience de l'incroyant n'a aux yeux de l'État ni moins ni plus de prix que celle du croyant ; tant que leurs exigences ne troublent pas l'ordre public, l'un et l'autre doivent être également libres d'y satisfaire* » (cf. P. Coulombel, « Le droit privé français devant le fait religieux depuis la séparation des Églises et de l'État », *Rev. Trim. Dr. Civil,* 1956, p. 1 ; Y. Geraldy, *La religion en droit privé,* Thèse Limoges, 1978). Ce n'est que lorsque l'ordre public est troublé que le droit pénal laïque intervient.

Cette laïcité de l'État et du droit pénal n'a jamais été admise par l'Église catholique qui garde une conception théocratique du droit, même s'il lui a bien fallu en pratique s'accommoder de lois laïques. Pie XII disait par exemple en 1954 : *« il faut tenir ouvertement et fermement que la puissance de l'Église n'est pas limitée aux choses strictement religieuses mais que toute la matière de la loi naturelle, ses principes, son interprétation, son application, pour autant qu'il s'agit de son aspect moral, relèvent de son pouvoir »* (*Doc. Cath.,*1954, col. 1427 et suiv.) .

Le domaine respectif de Dieu et de César est délimité en partant de principes totalement opposés et sur de telles bases notre sujet tournerait court et même n'aurait plus de raison d'être.

Mais, ainsi que nous l'avons dit, le droit pénal français même laïque, est imprégné de christianisme et ne peut faire une totale abstraction du facteur religieux. La loi laïque, en effet, proclame la liberté de conscience et garantit le libre exercice des cultes (art. 1er de la loi de 1905). La mise en œuvre de ces libertés va parfois impliquer des rapports entre religion et droit pénal.

A ce stade de notre réflexion, on sent qu'il y a deux directions d'étude possibles qui l'une et l'autre présentent des inconvénients mais qu'il faut néanmoins explorer.

La première direction mène à la recherche dans le droit pénal de la trace des prescriptions évangéliques en se demandant dans quelle mesure le droit positif français s'en inspire et y est fidèle. L'écueil est de rester dans des généralités quelque peu banales. On risquera aussi de ne pas s'entendre sur le sens du message évangélique. Comme le dit Antonio Beristain (« Pas de criminologie chrétienne, mais... », *Mélanges* Bouzat, 1980, p. 25) : *« Certains s'appuient sur le christianisme pour construire une criminologie et une politique criminelle que d'autres spécialistes veulent détruire en s'appuyant également sur le christianisme. »* Il y aura des ambiguïtés à surmonter qui résultent des interprétations parfois très différentes proposées par les théologiens sur des problèmes tels que ceux de la peine de mort, la violence instituée, la violence subversive, etc.

La seconde direction consiste à faire l'inventaire des cas dans lesquels le fait religieux est appréhendé par le droit pénal positif français et le danger est alors de tomber dans une casuistique plus ou moins pointilliste éloignée de toute idée générale.

Je vous propose de suivre les deux pistes à la fois en nous efforçant d'éviter les écueils signalés.

Nous le ferons en deux parties : l'examen de l'infraction, ensuite celui de la procédure et des sanctions.

I. *Religion et infraction*

Il est classique et normal de séparer morale et droit pénal ou, pour employer une terminologie religieuse, le péché de l'infraction. Tout péché n'est pas fatalement une infraction et à l'inverse, une infraction ne constitue pas inévitablement un péché.

Le mensonge, par exemple, est toujours un péché et une faute civile mais il n'est pas toujours incriminé pénalement, à part certains cas comme le faux témoignage, les fausses déclarations à diverses administrations, dans certaines conditions, etc. Au contraire, la violation de certaines règles plus ou moins artificielles de la vie en société qui constituent des infractions peuvent être parfaitement involontaires et ne pas constituer de faute morale (dans la mesure où ils sont vraiment involontaires ; des coups et blessures involontaires, des stationnements interdits, des infractions fiscales ou douanières non volontaires, etc.)

En effet, le droit pénal n'est pas seulement établi pour apporter des sanctions sociales à certaines règles de la morale courante ou du droit naturel mais aussi pour assurer le respect de toutes les prescriptions qui tendent à maintenir un ordre minimum dans la société. Les commandements comme les défenses apportées par la religion se proposent d'aboutir au perfectionnement spirituel des fidèles. Beaucoup de ces commandements concernent le for interne et impliquent l'homme dans son intimité et ne peuvent être pris en compte par le droit pénal positif, tant que l'ordre public n'est pas troublé, étant remarqué que la notion d'ordre public est susceptible de redoutables extensions. Il en résulte qu'un fossé existe entre le droit pénal et la religion aussi bien en ce qui concerne l'analyse de l'intention que la détermination de l'étendue des incriminations.

A. Intention

Le droit pénal ne peut pas bien entendu sonder les reins et les cœurs. La connaissance de l'intention dans sa plénitude absolue est propre à Dieu seulement et c'est le sens qu'il convient de donner à la parole de l'Évangile *« ne jugez pas »*. Cela ne veut pas dire évidemment que le juge pénal, qui n'a pas l'omniscience de Dieu, ne doive pas se prononcer sur les problèmes d'intention et de responsabilité pénale. Il peut arriver à des certitudes suffisantes pour donner un solide fondement à sa sentence. Sur ce point de vue, depuis une quarantaine d'années au moins, le mouvement des idées a, selon les termes de Jacques Bourbon Busset (*La Croix* du 26 novembre 1982), *« tendu à discréditer la notion de personne autonome maîtresse de son destin. On est arrivé à persuader les gens qu'ils étaient entièrement programmés et conditionnés, que la liberté n'était qu'une illusion, que la volonté était une prétention dérisoire »*. Il ajoute : *« il faut affirmer bien haut que l'être humain n'existe que dans la mesure où il prend conscience de son pouvoir d'exercer sa liberté »*. Pie XII exprimait la même idée dans une allocution aux juristes catholiques italiens le 26 mai 1957 (*Documentation catholique* du 23 juin 1957, col. 775) : *« La morale et le droit,* disait-il, *ne s'immobilisent pas dans une attitude surannée lorsqu'ils affirment qu'il faut démontrer où cesse la liberté et non où elle commence »*.

L'inculpé doué d'autodétermination n'échappe pas pour autant à toute influence interne ou externe. Il doit lutter contre des poussées instinctives, peut-être maladives. Le juge doit peser tout cela en son âme et conscience et le droit positif français lui laisse avec l'article 64 du Code pénal une assez grande liberté d'appréciation avec ou sans l'aide d'une expertise. Le droit positif français n'a pas pris, sur le problème de l'intention et de la culpabilité, de position philosophique incompatible avec la morale chrétienne et la religion même si certains criminologues professent un déterminisme contestable. Les choses sont un peu différentes en ce qui concerne les incriminations.

B. Incriminations

La religion et la morale concernent tout le comportement des personnes. Le droit pénal a un domaine tout différent : il ne vise que les actions qui portent préjudice à la vie sociale.

Primitivement, il n'existait pas de distorsion fondamentale entre ces deux objectifs. En gros, le droit pénal sanctionnait les règles du Décalogue. Il n'en va plus de même aujourd'hui. Le droit pénal sanctionne une série considérable de règles qui sont en quelque sorte les règles du jeu de la vie sociale par la création de ce qu'on appelle les infractions artificielles : code de la route, code du travail, lois économiques et sociales. On reste dans le domaine de l'opportunité. Mais on doit se méfier d'un positivisme juridique extrême. L'histoire fournit l'exemple de nombreux régimes tyranniques assortis de lois pénales portant atteinte à des libertés et à des valeurs fondamentales. Le droit, le légal n'est pas fatalement le juste. Comme le dit saint Paul (Ga 2, 11) *« la loi ne peut justifier personne devant Dieu »*.

On se trouve en présence de deux sortes de situations. Parfois, la loi pénale n'incrimine pas des faits qui constituent non seulement des fautes contre la morale catholique mais aussi contre le droit naturel. C'est ainsi que l'adultère a été dépénalisé par la loi du 11 juillet 1975 et surtout l'avortement a été rendu licite dans certains cas par les lois du 17 janvier 1975 et du 31 décembre 1979.

C'est une erreur très répandue, même dans des milieux chrétiens, que d'affirmer que, par cette libéralisation de l'avortement, on ne portait nulle atteinte aux chrétiens qui n'étaient pas contraints par la loi d'y recourir ; ils n'avaient pas à imposer la morale catholique à ceux qui ne sont pas catholiques. Cette cléricalisation du problème de l'avortement est un sophisme. Ce n'est pas au nom de la morale chrétienne que l'avortement est un meurtre mais en raison du droit naturel au respect de la vie. Dans le serment d'Hippocrate, peu suspect d'influences chrétiennes, il est dit *« tu ne donneras pas à la femme des herbes pour se faire avorter »*. Dans notre droit civil, l'adage *« infans conceptus... »* prouve qu'en droit positif français, l'embryon est considéré comme une personne. Sa mère ne saurait avoir sur lui un droit discrétionnaire de vie et de mort (elle est seule juge de son propre « état de détresse »)... au besoin pour bouleverser les règles successorales légales [1].

Dans toutes ces hypothèses de dépénalisation, il existe un très grave danger. C'est celui que M. Pradel appelle *« le dynamisme du légal »* qui fait que ce qui est légal finit par devenir moral aux yeux de l'opinion publique. Le droit pénal est, en effet, le reflet de la « morale usuelle » si l'on peut dire et la loi pénale produit un effet d'entraînement. A ce titre, il joue en plus le rôle de mentor de la nation et les incriminations ne peuvent être abandonnées aux fluctuations d'une opinion publique plus ou moins manipulée. C'est pourquoi je ne partage pas du tout l'opinion de mon collègue Léauté (cf. Mélanges Ancel, II, p. 151) qui souhaiterait qu'à chaque législature on remette à jour le Code pé-

1. Il n'y a pas lieu ici de s'appesantir sur ce problème.

nal pour qu'il soit en harmonie avec les évolutions de l'opinion publique !...

Il peut arriver aussi, et c'est encore plus grave, que la loi pénale sanctionne une obligation contraire à la morale catholique. Sur ce plan, le remboursement de l'avortement par la sécurité sociale constitue un véritable viol des consciences catholiques puisqu'il accule au délit de refus de paiement de l'impôt celui qui refuse de se rendre complice de cette « médicalisation » d'un meurtre. Une telle mesure, sans parler de son caractère odieux, est certainement anticonstitutionnelle car l'article 2 de notre Constitution proclame que la République respecte toutes les croyances. Le président Jean Foyer, à la tribune de la Chambre des Députés, a eu sur ce plan des paroles énergiques et définitives.

L'avortement est un exemple privilégié, si l'on peut dire, car il constitue un crime non seulement contre la morale catholique mais aussi contre le droit naturel à la vie, abstraction faite de toute religion.

Il est d'autres cas plus délicats où la loi pénale sanctionne des comportements accomplis par certains en raison de leurs convictions religieuses. Le développement des sectes sur ce plan offre de nombreux problèmes délicats [2], soulevés par l'objection de conscience, les poursuites pour omission de porter secours à l'encontre des parents qui ont laissé mourir leur fils atteint d'une banale appendicite parce que leurs convictions religieuses leur interdisent d'avoir recours à un médecin, ou encore d'accepter une transfusion de sang ; des poursuites pour mauvais traitements envers les animaux alors qu'il s'agissait d'abattage de moutons en vue d'une fête religieuse ; des poursuites pour coups et blessures volontaires à l'occasion de châtiments corporels rituels.

D'une manière générale, la notion d'ordre public aboutit parfois à mettre en échec des règles d'ordre religieux. C'est le cas du serment refusé devant la Cour d'assise pour des raisons religieuses.

A l'inverse du reste, le droit pénal prend parfois en compte des préoccupations d'ordre religieux dans des domaines très variés. Je vais seulement en signaler quelques-uns mais chacune pourrait donner lieu à de larges développements.

2. Je remercie tout spécialement M. Patrick Boinot qui a bien voulu me communiquer le texte d'un très intéressant article paru à la revue de Science criminelle, *Sectes religieuses et droit pénal.*

Le délit d'omission de porter secours à une personne en danger introduit dans notre droit par l'ordonnance du 25 juin 1945, n'est pas autre chose que l'irruption dans le droit pénal positif du devoir de charité de l'Évangile (certains esprits libéraux y ont d'ailleurs vu, à tort selon moi, une intrusion intolérable dans la vie privée des citoyens) ; la protection du secret professionnel des médecins de l'article 378 du Code pénal a été étendue sans la moindre hésitation jurisprudentielle au secret de la confession ; la poursuite pour obstacle à l'exercice d'une célébration par un ministre du culte (art. 31 de la loi du 9 décembre 1905) ; le contentieux de Saint-Nicolas-du-Chardonnet ; les poursuites pour diffamations raciales ou religieuses (art. 23 et 24 de la loi du 29 juillet 1981 et du 1er juillet 1972) ; le rejet, par la Commission nationale de l'informatique et des libertés, de données à caractère religieux, etc.

On le voit, les interférences entre droit et religion ne sont pas exceptionnelles et, en général, le droit pénal positif ne s'oppose pas à la religion, même s'il relève d'inspirations assez variées qui ne partent pas directement de préoccupations religieuses. Il faut néanmoins, si l'on veut conserver au droit pénal sa valeur profonde, ne pas le réduire à des règlements purement empiriques et vivifier le droit positif par les principes chrétiens qui le sous-tendent.

C'est la même démarche qui va nous guider dans l'examen de la procédure et des sanctions.

II. *Religion, procédure et sanctions*

A. **Procédure**

A premère vue, le lien entre religion et procédure est extrêmement ténu. La justice exige que les poursuites soient diligentées avec équité et humanité, dans le respect des droits de la personne.

La recherche de la vérité doit être menée avec le maximum de conscience et un souci d'exactitude. Un équilibre est à rechercher entre l'efficacité et le souci de la liberté des suspects. Ce n'est pas ici le lieu de longs développements entre les mérites respectifs et les inconvénients des procédures inquisitoires, accusatoires ou mixtes. On est en présence d'opportunités qui varient avec les lieux et les époques sous le seul absolu du respect de la personne. On doit, du reste, admettre qu'il y a souvent loin des principes posés par les codes pénaux à la réalité et que des formes plus ou moins raffinées de tortures sont monnaie courante dans les pratiques judiciaires et policières de nombreux pays.

La recherche de l'aveu notamment a donné lieu à bien des abus. Parfois des problèmes moraux délicats sont soulevés : on se demande, par exemple, s'il est possible de soumettre un suspect au pentothal sans son consentement. Personnellement, je pense qu'il y aurait là une atteinte à la dignité de l'homme que l'on considère comme une chose et non comme une personne. Je pense même que si on découvrait un véritable sérum de vérité (ce qui n'est pas le cas actuellement, l'expérience prouvant que, soumis au pentothal, des gens qui savaient n'ont pas avoué et qu'à l'inverse, en fonction de la façon dont les questions étaient posées, d'autres ont avoué des choses qu'ils n'avaient certainement pas faites), ce serait un abus que de l'employer malgré la certitude de découvrir la vérité. A un degré bien moindre, l'emploi du *lie detector* soulève des problèmes du même ordre.

L'aveu n'a de valeur vraiment chrétienne que lorsqu'il traduit chez le délinquant non pas le regret de s'être fait prendre mais la véritable volonté de se ranger du côté de la société qu'il a bafouée et même de lui demander son aide en vue de se racheter. Il apparaît comme un appel à ce que Bergson désignait comme la communication des consciences et témoigne d'un désir d'ordre et d'un renouveau du sens de la responsabilité. Inutile de préciser que les juges d'instruction n'entendent que bien rarement de tels aveux...

Une procédure respectueuse de la personnalité du délinquant débouche sur une sanction. Celle-ci doit voir dans le condamné un être à respecter et même à aimer.

B. Sanctions

Dans l'Église, le châtiment de Dieu est la réponse au péché des hommes. . *Ce que chacun aura semé, il le récoltera »,* dit saint Paul (Ga 6, 8) . C'est la référence à la peine rétributive proportionnée à la gravité de l'acte.

L'Écriture enseigne (Rm 13, 2-4) que l'autorité humaine, dans les limites de sa compétence, n'est pas autre chose que l'exécutrice de la justice divine lorsqu'elle fait accomplir la peine. Mais aujourd'hui, l'importance de la peine rétributive a considérablement diminué en faveur de la peine médicinale. L'Église est, d'ailleurs, loin d'être défavorable à celle-ci contrairement à ce qu'on a parfois prétendu et le droit canonique préconise l'individualisation des sanctions en fonction de l'âge, de l'éducation, du sexe, de l'état mental, du repentir.

Ces mesures d'individualisation et de réinsertion sociale ne doivent pas être dévoyées jusqu'au refus même de l'idée de sanction. La sanction est même une marque de respect pour la liberté du délinquant considéré comme un homme responsable. Mme Michèle-Laure Rassat, dans son livre *Pour une politique criminelle du bon sens* a, sur ce plan, bien posé le problème.

L'Église est en revanche hostile aux mesures de sûreté antérieures à la faute préconisées par certains positivistes.

En ce qui concerne la peine de mort, l'Église est plutôt défavorable puisqu'elle s'interdit de la prononcer dans ses propres juridictions. Mais elle ne la considère pas comme immorale en soi ni fatalement injuste (saint Thomas d'Aquin n'est pas, comme on le dit, « partisan » de la peine de mort, mais il la considère parfois comme un mal nécessaire pour rétablir l'ordre fixé par Dieu). On sait qu'une déclaration de la Commission sociale de l'épiscopat français s'est montrée hostile à la peine de mort.

Observons aussi la présence d'aumôniers dans les prisons et des mesures pour que les divers cultes puissent être pratiqués par les détenus.

Pour toutes les autres sanctions aujourd'hui adoptées par le droit pénal positif, y compris les actuels substituts aux courtes peines d'emprisonnement et le travail d'intérêt général prévu par la loi du 10 juin 1983 portant abrogation de la loi Sécurité-Liberté, rien ne vient contredire les positions adoptées par l'Église.

L'originalité de l'apport chrétien se trouve dans le respect du condamné qui doit être aimé au point de voir en lui le Seigneur : *« j'étais en prison et vous êtes venu* me *voir »* (Mt 25, 36). Aucun effort pour le faire parvenir à une libération intérieure, dit Pie XII, *« ne sera jamais excessif ni trop ardu »* (*Documentation catholique*, 20 février 1955, p. 206).

Justice et charité, dont la conciliation inquiète les théologiens, sont alors réunies jusque dans l'œuvre de répression et ce n'est un paradoxe qu'en apparence puisque, selon le mot du philosophe Maurice Blondel, *la charité, c'est la justice aimante* .

Présidence de M. Pierre Barbier
Président de Chambre à la Cour d'Appel de Paris

RELIGION ET DROIT CIVIL

par M. Pierre Raynaud
Professeur émérite à l'Université de Droit, d'Economie et des Sciences sociales de Paris
Directeur de la Revue trimestrielle de Droit civil

L'appréciation de l'influence de la religion catholique sur le droit civil français se heurte à quelques difficultés inégalement surmontables.

Il s'agit d'abord de savoir ce que l'on entend par « religion » et par « droit civil ».

Le terme *« religion »* peut être compris de manière plus ou moins extensive.

D'un côté, il paraît évident que toute recherche des rapports du droit civil avec le dogme catholique serait assez vaine ; on voit mal comment le dogme de la Sainte Trinité ou de l'Assomption pourrait avoir un rapport avec le droit civil français. En revanche, la morale catholique et plus généralement chrétienne est candidate à l'exercice d'une influence sur le droit, et il s'agira de savoir si et dans quelle mesure elle y parvient.

En effet, la morale est faite de normes dont on sait combien il est malaisé de les distinguer des normes juridiques mais qu'il est habituel de rapprocher de celles-ci pour les en distinguer, avec toutes les difficultés que comporte cette *vexata quaestio*, et surtout pour mesurer leurs influences réciproques. Dès lors, on peut légitimement se demander si les normes du droit français s'accordent avec celles de la morale catholique.

Mais il convient de constater aussi l'existence d'autres règles formulées par l'Église catholique et qui sont, elles, des règles juridiques : c'est le droit canonique dont le développement dépasse largement les règles révélées dont il s'inspire et dont une fraction importante a le même objet que celles du droit civil : le droit canonique du mariage étant l'exemple le plus frappant de ces dispositions. Il n'est pas possible de ne pas inclure le droit canonique dans « la religion » dont nous avons à analyser l'influence sur le droit civil.

Quant au deuxième terme de la comparaison, *le droit civil,* nous retiendrons seulement le droit civil positif tel qu'il est aujourd'hui et tel qu'il évolue, en laissant de côté sa philosophie sur laquelle l'influence chrétienne s'est diversement exercée mais dont l'inspiration est variable.

Le domaine à explorer étant ainsi défini, une deuxième difficulté surgit aussitôt.

Il est relativement aisé de relever les discordances qui peuvent séparer le droit civil de la religion telle que nous voulons la comprendre ; il est moins facile d'expliquer leurs convergences quand elles apparaissent. Elles peuvent, en effet, résulter de l'influence de la religion sur le droit civil ou inversement de celle du droit civil sur la théologie morale ou le droit canonique et il faudrait savoir alors dans quel sens s'est exercée cette relation.

Ces convergences peuvent aussi être la conséquence de facteurs communs d'inspiration ayant agi parallèlement et qui ont pu tout aussi bien produire leur effet sur des morales ou sur des systèmes juridiques étrangers à la civilisation chrétienne. Ainsi, les constatations que nous pourrons faire seront susceptibles d'interprétations diverses.

Il faut pourtant entreprendre notre recherche qui prendra en considération le droit civil français d'aujourd'hui dans ses rapports avec la religion.

Il est évident que ces rapports ont changé au long de l'Histoire et en particulier depuis le temps où le droit canonique et le droit civil se partageaient et se disputaient la réglementation de la vie privée, le second s'effaçant devant le premier notamment pour régir le mariage et nombre de questions familiales ; il s'agissait alors moins d'influence de l'un sur l'autre que de répartition de leurs compétences.

La question s'est posée surtout lorsque le législateur civil a entendu affirmer sa compétence exclusive et intervenir dans des domaines jusqu'alors réservés au droit canonique, notamment en matière d'état-civil et de mariage. Il ne l'a pas fait sans s'inspirer des règles canoniques auxquelles il entendait substituer les siennes, notamment en laïcisant le mariage. C'est ainsi que les codificateurs du début du XIXe siècle, et avant eux le législateur révolutionnaire, ont tenu compte des deux courants qui avaient alimenté l'Ancien Droit : le droit romain et le droit canonique. Ainsi le droit du mariage s'inspirait du droit canonique sauf à s'en écarter sur des points essentiels comme celui de l'indissolubilité, alors que le droit de la propriété et le droit des contrats marquaient un retour aux conceptions romaines que l'Ancien Droit avait altérées, peut-être sous l'influence des canonistes.

Où en sommes-nous aujourd'hui ?

Pour répondre complètement à la question, il faudrait parcourir le droit civil tout entier. Son domaine est trop vaste pour que cette exploration soit réalisable dans le cadre de cette communication et il nous faut évidemment nous borner, c'est-à-dire faire un choix qui sera nécessairement arbitraire.

Cet exposé, qui ne pourra d'ailleurs être qu'un survol du droit civil, s'en tiendra aux deux grands aspects de celui-ci :

— le droit des personnes et de la famille,

— le droit des biens et des obligations,

l'un et l'autre n'étant retenus que dans leurs grandes tendances.

I. *Les personnes et la famille*

C'est dans son Livre Ier et sous l'intitulé *« des personnes »* que le Code civil traitait et traite encore de la famille et celle-ci n'était même pas nommée en 1804, sauf à propos du « Conseil de famille ».

Ce n'est pas à dire que cette famille en tant que telle fut ignorée, bien au contraire elle était solidement construite autour du mariage et de l'autorité de son chef, suivant semble-t-il la tradition chrétienne.

Quant aux personnes, il s'agissait essentiellement des membres de la famille avec leurs « droits civils » qui étaient reconnus à tous les Français et distingués des droits politiques. Ces droits civils étaient ceux qui découlaient de « l'état des personnes » et les droits patrimoniaux. Mais les textes du Code Napoléon ne définissaient pas plus la personne juridique en elle-même que la famille.

Il n'est pas sans intérêt de se demander ce que sont devenues les personnes et la famille aujourd'hui, dans la mesure où peut apparaître, dans leur conception, un progrès ou un recul de la préoccupation religieuse.

A. La personnalité

Le Code civil a été élaboré peut de temps après la promulgation de la « Déclaration des droits de l'homme et du citoyen » qui était beaucoup plus une déclaration des droits de l'individu que des droits de la personne. C'est ainsi que l'individualisme libéral alors triomphant ignorait largement l'aspect social de l'homme auquel il refusait notamment la liberté d'association. Les droits de l'homme se sont développés depuis et l'on sait l'importance qu'ils revêtent dans la pensée et l'enseignement actuels de l'Église et de son chef. Il n'est donc pas sans intérêt pour notre propos de nous interroger sur la place que leur fait le droit civil actuel.

A supposer que la législation sur la contraception et sur l'avortement relève du droit civil, il est bien évident qu'elle contredit violemment un des droits fondamentaux de l'homme qui est le droit à la vie dont le principe est pourtant affirmé par l'article premier de la loi du 17 janvier 1975 : *« la loi garantit le respect de tout être humain dès le commencement de la vie »*. On ne peut que remarquer la parfaite conformité de ce principe avec la morale. Mais force est de constater que la même loi l'assortit d'une grave exception en accordant à la mère le permis de tuer son enfant conçu, en violation flagrante de la même morale. C'est une contradiction de notre droit.

Elle est d'autant plus éclatante que celui-ci fait aujourd'hui une place importante aux droits dits précisément de la personnalité. Certes, ils n'ont pas été découverts de nos jours : le droit au nom, à l'intégrité physique ou morale de la personne sont protégés depuis longtemps ; mais on sait le développement de cette protection sous le couvert du respect de la vie privée dont l'article 9 du Code civil fait l'objet d'un droit depuis la loi du 27 juillet 1970 ; cette protection est apparue d'autant plus nécessaire que ce droit est exposé aujourd'hui à de nouvelles atteintes avec le développement des moyens de franchir le rempart de la vie intime ou de violer des droits nouvellement reconnus comme le droit à l'image ou à la voix humaine.

Cette affirmation de l'existence de la personne humaine et de son droit à la protection de la loi se traduit en particulier par la prise en considération plus nette des droits de certaines personnes, comme la femme et comme l'enfant, même lorsqu'ils sont en conflit, au risque alors de sacrifier un droit essentiel, comme le droit de l'enfant à la vie à un autre beaucoup plus contestable, comme celui de la femme à disposer librement de son corps.

C'est dire que, si on peut admettre que le développement des droits de la personnalité est dans son principe conforme à l'idéal moral de la religion catholique, encore que tous les droits que celle-ci affirme ne soient pas toujours protégés, d'autres apparaissent particulièrement contestables.

Les uns et les autres se situent généralement dans le cadre de la famille.

B. **La famille**

C'est le droit actuel de la famille qui appelle du point de vue moral les plus nettes réserves et les plus vives critiques. On lui a reproché de consacrer la dégradation de la famille et donc d'être en opposition flagrante avec la morale chrétienne. Les défenseurs des lois nouvelles sur la famille pensent au contraire qu'elles servent cette dernière en améliorant ses structures, notamment en introduisant dans celles-ci plus d'égalité, de liberté et de vérité.

Remarquons d'abord que la famille n'est pas ignorée du législateur contemporain. Nous avons même un *« Code de la famille et de l'aide sociale »* mais, si ce Code n'est pas totalement étranger au droit civil, il tend surtout à la protection sociale de la famille et de l'enfance.

Quant au Code civil, il s'est enrichi de certaines références aux intérêts de la famille : l'article 215 protège le logement de la famille, l'article 1397 subordonne à la conformité aux intérêts de la famille le changement de régime matrimonial, l'article 1429 permet d'enlever ses pouvoirs de gestion de ses biens propres à un époux *« s'il met en péril les intérêts de la famille »*.

Mais de quelle famille s'agit-il ?

Ce n'est pas nécessairement celle que souhaite la morale chrétienne, qu'on la considère dans le couple ou dans les enfants.

1. *Le couple*

S'il faut parler du couple plus que de ménage, c'est que le couple illégitime prend aujourd'hui une place de plus en plus grande avec la désaffection de plus en plus marquée pour le mariage.

a. *Le couple illégitime.* Les relations sexuelles hors mariage peuvent être épisodiques ou plus ou moins durables, le concubinage imitant plus ou moins le mariage.

Le développement et les variétés du concubinage sont caractéristiques des mœurs actuelles. Outre les concubinages motivés par des considérations idéologiques ou des contraintes rendant le mariage impossible ou inopportun, la « cohabitation juvénile » précède de plus en plus le mariage et elle est pratiquée par des couples catholiques qui n'hésitent pas à l'afficher sans remords. Ces comportements sont évidemment contraires à la morale chrétienne, du moins telle qu'elle a été longtemps comprise. Sont-ils conformes au droit ?

Le devoir de fidélité continue à être affirmé comme un devoir du mariage et l'adultère pourrait justifier le divorce même s'il n'est plus une cause péremptoire de celui-ci et s'il ne tombe plus sous le coup de la loi pénale depuis 1975. Mais le concubinage en lui-même, s'il n'a pas valeur juridique, jouit d'une tolérance indulgente de la loi quand celle-ci ne lui reconnaît pas des effets, notamment en matière de pensions ou de prestations sociales ou quand elle n'accorde pas au « concubin notoire » le droit de continuer un bail ou quand elle ne sanctionne pas la rupture abusive d'un concubinage.

La concubine peut aujourd'hui, à certaines conditions, obtenir des dommages-intérêts de l'auteur de la mort accidentelle de son amant au même titre que la femme légitime, mais le concubinage demeure immoral aux yeux de la jurisprudence quand celle-ci continue à annuler les libéralités entre concubins dont le but est de créer ou de maintenir des relations tenues pour illicites ; ces libéralités sont valables dans le cas contraire et elles échappent même aux règles inspirées de suspicion qui frappent les libéralités entre époux.

Il reste heureusement le couple légitime, c'est-à-dire formé par le mariage.

b. *Le couple légitime.* Le mariage civil tient beaucoup du mariage canonique auquel il a succédé dans la loi civile. Mais sa laïcisation lui a permis de prendre ses distances à l'égard du mariage religieux. On peut essayer de rechercher dans quelle mesure quant à la notion même de mariage et quant aux effets de celui-ci.

Réserve faite du sacrement qui est évidemment étranger au mariage civil et essentiel au mariage religieux, malgré quelques différences secondaires le droit canonique et le droit civil ont fondamentalement la même conception du mariage. Mais on a pu remarquer que la législation civile sur le divorce et la filiation colorait d'une certaine manière la conception même du mariage.

Depuis que le mariage civil ne confère plus nécessairement la légitimité et que celle-ci peut être acquise sans mariage (par l'adoption plénière ou la légitimation par autorité de justice) s'accuse ce particularisme du mariage civil habituellement souligné : pour lui, la procréation n'est pas une fin essentielle du mariage.

Ce faisant, le droit civil met plus nettement au premier plan les rapports entre mari et femme et fait de l'aménagement de ces rapports l'essentiel. On a pu dire que le mariage n'est pas fait pour les enfants...

Par ailleurs, s'affirme de plus en plus la tendance à assurer l'égalité des époux tant dans les rapports personnels de ceux-ci que dans leur régime matrimonial. Nous sommes alors très loin de la doctrine de saint Paul qui était beaucoup moins féministe que le législateur français actuel, mais il ne paraît pas que l'Église d'aujourd'hui s'en tienne aux conceptions de l'apôtre et condamne la promotion de la femme mariée. Le canon 1135 reconnaît à chaque conjoint *« devoir et droit égaux en ce qui concerne la vie conjugale ».*

Quant au droit du divorce, il permet de mieux analyser le mariage.

Le divorce-sanction, que la loi de 1884 voulait seul connaître, mettait en relief les devoirs du mariage dont la méconnaissance pouvait motiver le divorce ; en introduisant le divorce par consentement mutuel ou par rupture de la vie commune la loi de 1975 a mis en lumière l'idée qu'il n'y a pas de mariage sans accord des époux et qu'il n'y en a plus lorsque cet accord cesse. Le consentement est nécessaire pour former le mariage, il l'est également pour son maintien. Cette importance attachée au consentement est bien celle du droit canonique mais conduit à se séparer de celui-ci quand elle justifie le divorce.

C'est évidemment à propos de l'indissolubilité du mariage que le droit civil s'oppose au droit canonique. La législation sur le divorce a fluctué en fonction des variations de l'influence de la religion sur le droit.

Inconnu de l'Ancien Droit qui était, en la matière, rappelons-le, le droit canonique, le divorce est apparu dans la loi révolutionnaire du 20 septembre 1792 avec la laïcisation du mariage ; il a disparu avec la Restauration (loi du 8 mai 1816) sous l'influence recouvrée de l'Église, pour renaître en 1884 sous celle du laïcisme et il se développe ensuite pour prendre la place considérable qu'il occupe aujourd'hui, après un timide et temporaire repli tenté par le législateur de Vichy. Ce mouvement, accéléré par la loi du 11 juillet 1975, est spectaculaire puisque de moins de 3 000 en 1886 le nombre annuel des divorces est passé aujourd'hui à plus de 90 000 ! On ne peut pas dire qu'il y ait à cet égard un développement de l'influence de la morale chrétienne !

Mais outre la constatation que nous venons de faire que le divorce est, dans une certaine mesure, un hommage au mariage, de même que le vice rend hommage à la vertu, il n'est peut-être pas interdit de teinter de nuance l'opposition entre le droit canonique et le droit civil quant au « démariage ».

L'opposition du droit civil et du droit canonique est à cet égard classique : le premier admet largement le divorce et se montre plus exigeant quant aux nullités du mariage, le second affirme toujours l'indissolubilité du mariage mais est plus accueillant aux actions en nullité. Les résultats du divorce et de l'annulation sont essentiellement différents encore que la rétroactivité qui caractérise les effets de l'annulation soit sensiblement atténuée par la théorie du mariage putatif, que le droit civil a d'ailleurs empruntée au droit canonique et dont la loi du 3 janvier 1972 a étendu le domaine en faveur des enfants, faisant bénéficier ceux-ci des effets du mariage annulé, même en l'absence totale de bonne foi des époux (art. 202).

Or, on peut noter aujourd'hui un double mouvement du droit civil et du droit canonique qui aboutit à les rapprocher, à certains égards.

D'une part, la loi du 3 janvier 1972 a élargi le domaine de la nullité du mariage pour erreur sur la personne en retrouvant ainsi des solutions du droit canonique et en rendant, sur ce point, à la théorie des nullités un domaine qu'avait occupé le droit du divorce.

D'autre part, le droit canonique, sans abandonner le principe de l'indissolubilité du mariage, paraît étendre les exceptions qu'il comporte par le jeu des « dispenses » possibles non seulement pour le mariage sacramentel non consommé mais encore pour le mariage consommé mais non sacramentel qui peut être dissous en vue de permettre le remariage *« en faveur de la foi »*. Seul est vraiment indissoluble le mariage sacramentel et consommé pourvu qu'il l'ait été, précise le Code de droit canonique de 1983, *humano modo* (canon 1061).

Mais, pour l'essentiel, le développement spectaculaire du divorce en droit français creuse incontestablement le fossé entre celui-ci d'une part et le droit canonique et la morale chrétienne d'autre part. Y a-t-il également contradiction quant au statut des enfants ?

2. *Les enfants*

Deux traits caractérisent l'évolution du droit civil : l'affirmation du principe de l'égalité des enfants sans discrimination entre enfants légitimes, naturels ou adoptifs ; la prise en considération de l'intérêt de l'enfant en vue d'assurer sa protection, éventuellement contre l'autorité parentale.

L'égalité des filiations, dont le principe est affirmé par la loi du 3 janvier 1972 et appliqué avec quelques atténuations et quelques nuances, est très significative de ce mouvement égalitaire qui anime le droit actuel de la famille, qu'il s'agisse de la place de la femme au sein de celle-ci ou du statut des enfants et qui a abouti à la disparition du chef de famille. Si l'assimilation des enfants adoptifs aux enfants légitimes est compatible avec la conception traditionnelle de la famille qui n'en est pas profondément altérée, l'égalité entre enfants naturels et enfants légitimes marque l'avènement d'une famille naturelle rivale de la famille légitime qui perd ainsi la considération dont elle était jadis entourée. La filiation hors mariage, qui ne peut être que le fruit de relations condamnées par la morale chrétienne, ne peut évidemment être ainsi considérée par le droit que si celui-ci fait abstraction de cette morale et traite avec indulgence les infractions qui lui sont infligées.

Mais si l'on se place du côté de l'enfant naturel, peut-on juger avec sévérité un droit qui veut le soustraire aux conséquences d'une faute qu'il n'a pas commise et entend lui faire, malgré elle, une place dans la société ? L'égalité des filiations n'est-elle pas celle des enfants de Dieu ?

C'est le même souci de l'intérêt de l'enfant qui explique l'évolution de la puissance paternelle devenue autorité parentale dont la finalité protectrice de l'enfant est de plus en plus affirmée. C'est cette finalité qui justifie le contrôle de l'exercice de l'autorité parentale et l'intervention de l'autorité publique, non seulement pour en sanctionner les abus mais aussi pour en faciliter l'exercice quand il est difficile. Une institution comme l'assistance éducative est à cet égard, particulièrement significative. Dans la mesure où elle altère les droits des parents, elle souligne la finalité qui les justifie et la fonction au service de laquelle ils sont organisés.

Ce trait, qui est loin d'être étranger à la morale chrétienne, se retrouve dans les droits patrimoniaux auxquels il convient maintenant de s'arrêter, fût-ce brièvement.

II. *Les biens et les obligations*

La conception qu'avait le Code civil de 1804 des droits patrimoniaux était, elle aussi, dominée par l'individualisme libéral dont était imprégné le droit des contrats et celui de la propriété. Il est banal de rappeler que l'évolution ultérieure s'est manifestée par une socialisation de l'un et de l'autre ; or, cette socialisation a, dans une large mesure renoué avec une tradition de l'Ancien Droit qui était davantage inspiré par la morale chrétienne. On peut le constater pour le droit de propriété, celui des contrats et celui de la responsabilité.

A. La propriété

La propriété, ce *« droit inviolable et sacré »* de l'article 2 de la Déclaration des droits de l'homme et du citoyen, dont Portalis disait qu'elle était *« considérée comme faisant partie de l'ordre naturel et même divin »*, a suivi, depuis bientôt deux siècles, une évolution bien connue dans une double direction.

D'une part, des limitations de plus en plus nombreuses qui ont été imposées à la souveraineté du propriétaire, qu'il s'agisse de réglementations légales ou de la jurisprudence sur l'abus du droit, s'inspirent de l'idée de la fonction sociale qui est assignée au propriétaire dans une philosophie plus conforme à la morale chrétienne que l'individualisme égoïste du début du XIXe siècle.

D'autre part, le développement des formes collectives de propriété, autre réaction anti-individualiste, qui se traduit aujourd'hui par de nouveaux modes d'appropriation plus sociétaires, ne saurait encourir aucune condamnation morale. Certes, il ne s'agit pas de la mise en commun que pratiquaient les communautés monastiques car leur finalité est moins généreuse et moins désintéressée, mais la morale chrétienne n'interdit pas les propriétés collectives qui réagissent contre les égoïsmes.

B. Le contrat

C'est le même libéralisme qui dominait aussi bien la conception du contrat que celle de la propriété. C'était l'autonomie de la volonté dont il est banal de constater qu'elle a été altérée dans ses deux prolongements : la liberté contractuelle et la force obligatoire du contrat.

Si on veut porter une appréciation morale sur ces principes et sur les altérations qu'ils subissent aujourd'hui, il faut se demander s'ils tendent ou non à réaliser la Justice qui est la justification du Droit.

C'est en considération de cette justice qu'avait été défendue la liberté des conventions : qui dit contractuel dit juste. Et c'est dans la mesure où on s'est aperçu que cette vue était trop optimiste que cette liberté a été réduite et que l'on en est revenu aux préoccupations qui animaient les canonistes quand ils recherchaient le juste prix.

Les limitations apportées par le législateur contemporain à la liberté contractuelle et à l'autonomie de la volonté peuvent s'inspirer de préoccupations diverses notamment d'ordre économique. Mais c'est en vue d'assurer mieux la justice dans le contrat, la justice commutative, qu'a été défini un ordre public dit de protection, tendant à éviter que certains contractants économiquement ou socialement plus faibles ne soient victimes d'injustices, c'est le cas notamment des consommateurs, qu'il faut protéger en particulier contre les « clauses abusives ».

Certes, la lésion n'est pas reconnue comme cause générale de rescision du contrat, mais elle l'est dans certains cas et on a pu remarquer que c'est elle qui est souvent sanctionnée à travers un vice du consentement.

Certes, le juge n'a pas, en principe, le pouvoir de réviser le contrat, la règle demeure du respect de la parole donnée, qui est en soi éminemment morale, mais la loi le lui donne dans certains cas, notamment pour accorder des délais de paiement ou pour réviser la clause pénale en modérant la peine convenue lorsqu'elle est manifestement excessive ou en l'augmentant lorsqu'elle est *« dérisoire »* (loi du 9 juillet 1975, art. 1152 C. civ.).

En s'efforçant d'atteindre plus exactement la justice contractuelle, notre droit civil s'est voulu proche des exigences de la morale.

Qu'en est-il des obligations extracontractuelles ?

C. La responsabilité civile

C'est encore en fonction des exigences de la justice que doit être apprécié notre droit de la responsabilité civile et spécialement de la responsabilité délictuelle dont on sait le développement actuel.

Nous sommes partis d'une responsabilité fondée exclusivement sur la faute et plus précisément sur la faute morale, puis on a pu constater un élargissement de la conception de la faute devenue objective par amputation de l'imputabilité et surtout à la naissance et au développement de la responsabilité sans faute, notamment dans le cadre de la responsabilité du fait des choses. La faute n'est plus le seul fondement de la responsabilité et il est des fautes qui n'en engagent aucune, du moins si on admet que la faute de la victime n'exclut ni ne restreint la responsabilité de l'auteur du dommage.

Ainsi, le droit civil français est plus sévère que la morale chrétienne pour laquelle le devoir de réparer le dommage causé à autrui n'est un devoir de justice (par opposition aux obligations de charité) que s'il a été causé par une faute moralement imputable, ce qui exclut non seulement le fait d'un inconscient mais encore la pure maladresse. Or, il est remarquable que le développement du droit de la responsabilité civile a suscité chez certains moralistes (à vrai dire également juristes) une réflexion sur l'opportunité de réviser la morale elle-même en incluant l'obligation de réparer le dommage causé injustement à autrui parmi les devoirs de justice (Louis de Naurois, *Juristes et moralistes en présence des obligations interpersonnelles de justice*, L'Année canonique, t. XXVI, 1982, p. 117 et s. ; *L'obligation de réparer le dommage causé injustement (responsabilité du fait personnel), essai de confrontation des théories juridiques et morales*, *ibid.*, p. 137 et s.).

C'est ainsi que le droit civil pourrait, à son tour, exercer une influence sur la morale chrétienne.

En conclusion, on peut dire que c'est surtout dans le domaine du droit des personnes et de la famille que le droit civil français s'écarte de plus en plus de certaines exigences de la morale chrétienne, même si toutes ses dispositions nouvelles ne sont pas condamnables au nom de celle-ci.

RAPPORT SUR LE DROIT CIVIL FRANÇAIS DE LA FAMILLE

Rapport destiné aux autorités civiles et religieuses et établi au nom de la Confédération des Juristes Catholiques de France

par les Professeurs Christian Atias, de l'Université d'Aix-Marseille III, et Alain Seriaux, de l'Université de Perpignan

En vue d'une plus large diffusion, la Confédération a jugé opportun d'inclure dans le présent volume ce rapport rédigé au début de l'année 1983.

En dix ans, de 1965 à 1975, le droit civil français de la famille a complètement changé de physionomie. Le Code civil dont la plupart des dispositions dataient de 1804 a fait l'objet de profondes et amples réformes : réforme des régimes matrimoniaux (art. 1387 et s. du Code civil : loi du 13 juillet 1965), réformes de l'adoption (art. 343 et s. du Code civil : lois du 11 juillet 1966 et du 22 décembre 1976), réforme de l'incapacité des majeurs malades mentaux (art. 488 et s. du Code civil : loi du 3 janvier 1968) réforme de l'autorité parentale (art. 371 et s. du Code civil : loi du 4 juin 1970), réforme de la filiation (art. 371 et s. du Code civil : loi du 3 janvier 1972), réforme du divorce (art. 229 et s. du Code civil : loi du 11 juillet 1975). Il faudrait citer également les lois du 17 janvier 1975, du 31 décembre 1979 et du 31 décembre 1982 sur l'avortement et son remboursement par la Sécurité sociale.

« La refonte du Code civil est une œuvre inspirée. La nouvelle rédaction entreprise n'est pas vouée ni limitée à des modifications purement formelles, à des améliorations de pure écriture. Elle constitue une révision idéologique » (G. Cornu, *L'apport des réformes récentes du Code civil à la théorie générale du droit civil,* Les Cours de droit, 1970-1971, p. 176). En effet, au nom de la nécessité d'innover, la France a été dotée d'un nouveau droit de la famille... dont il est à craindre que la notion chrétienne de la famille soit absente. Du moins, une nouvelle *notion juridique* de la famille est-elle née d'une nouvelle *idéologie* ; c'est ce que le présent rapport s'attachera à démontrer après avoir sommairement présenté les principales réformes familiales récentes.

Présentation sommaire des principales réformes récentes

Le mouvement de réforme du droit de la famille est né de la conviction que le droit antérieur ne convenait plus à la société française de la deuxième moitié du XXe siècle. L'impression que tout avait changé dans la réalité familiale faisait apparaître le droit napoléonien comme désuet, inacceptable, voire injuste. Les *critiques du droit antérieur* doivent donc être connues de qui veut comprendre l'esprit des réformes. La *méthode* mise en œuvre pour la préparation de celles-ci est également riche d'enseignements.

Critiques adressées au droit antérieur, méthode législative utilisée expliquent assez bien le choix opéré des règles nouvelles les plus caractéristiques.

1. Critiques du droit antérieur

Chacune des dispositions qui figuraient dans le Code civil avant 1965 pouvait faire l'objet de critiques particulières ; mais c'est surtout l'inspiration générale du droit en vigueur à l'époque qui était contestée.

Les dispositions légales consacraient une notion de la famille fondée sur le mariage. Seule la famille légitime était reconnue. Le Code ne faisait allusion ni au concubinage, ni à la famille naturelle. Le mariage ne pouvait être rompu que dans des conditions que la loi avait voulues exigeantes ; le divorce était présenté comme une mesure exceptionnelle destinée à sanctionner l'époux coupable. Enfin, la famille était hiérarchisée ; le mari, doté de la puissance paternelle sur les enfants, avait également d'importants pouvoirs de décision à l'égard de sa femme (choix du domicile conjugal). Il est vrai que plusieurs dispositions légales avaient été dénaturées par l'application qu'en faisaient les tribunaux. Notamment, le divorce était prononcé par les juges dans des hypothèses où les conditions légales n'étaient pas remplies ; à une exception près – la loi du 2 avril 1941 qui donnait une définition plus étroite de la cause de divorce la plus pratiquée à l'époque : les excès, sévices et injures, loi dont on a pu écrire : *« Pour la première fois depuis 1816, voici une nouvelle loi* sur *le divorce qui est une loi* contre *le divorce »* (J. Carbonnier, D.C. 1941, L., p. 61) – rien ne fut entrepris pour lutter contre ce *« mouvement qui semblait irrésistible »* (*ibidem*) de libéralisation judiciaire du divorce.

N'ayant rien fait pour diminuer le nombre des divorces, le législateur allait être invité à accepter son augmentation comme une donnée incontestable de la société française contemporaine. Plus largement, la première critique adressée au droit de 1804 fut d'avoir vieilli et de n'être plus conforme aux caractéristiques de la famille française des années 1960. Les conditions de vie ayant changé, ainsi que les mentalités, le droit devait changer. Une vogue moderniste a déferlé sur le droit de la famille ; elle a été amplifiée par certaines constatations de fait : l'éparpillement des familles dû à l'urbanisation et aux conditions de logement, le nombre des divorces, celui des enfants nés hors mariage, celui des couples illégitimes, la revendication d'égalité exprimée par certaines femmes. Il devint banal d'affirmer que les juristes ignoraient la réalité. Des auteurs qui prétendaient confier au droit une fonction de description de la réalité constatèrent que le droit civil français de la famille était plus adapté aux mœurs. Un droit qui faisait, par exemple, du divorce une solution exceptionnelle à une crise conjugale produite par la faute de l'un des époux ne correspondait plus à l'état d'une société où la rupture du lien matriomonial était conçue comme un phénomène normal, moralement neutre ou équivalent de la décision de maintenir le mariage. Le refus de porter le moindre jugement de valeur sur le comportement de ses contemporains et une prétendue générosité incitaient à oublier que le droit ne peut éviter de dicter des conduites, qu'il dit ce qui doit être, ce qui est bien ou mal. En posant la réforme « libéralisatrice » comme une nécessité imposée par la réalité sociale, les juristes qui l'ont défendue ne l'ont pas seulement présentée comme inévitable ; ils ont aussi supprimé toute idée de responsabilité du législateur qui pourrait toujours autoriser n'importe quel comportement sans encourir aucun reproche, puisqu'il se contenterait de recopier la réalité. Le réalisme condamnait donc un droit qui concevait la stabilité du mariage et la famille légitime comme des valeurs naturelles essentielles.

Ce même droit traditionnel se voyait reprocher son hypocrisie. Non content d'ignorer souvent la réalité, il n'hésitait pas à la cacher. Ainsi, il prétendait, par ses lois, interdire les divorces d'accord et tolérait qu'au terme d'une comédie judiciaire, le tribunal prononçât un divorce au vu de lettres d'injures dont nul n'ignorait qu'elles avaient été dictées par les avocats des époux. Majestueusement drapés dans le manteau de la vérité, les critiques du droit d'avant 1975 oubliaient de préciser quels pouvaient être les méfaits précis de cette « hypocrisie » ; ils oubliaient surtout de se demander si la proclamation de la possibilité du divorce d'accord n'aurait pas des méfaits beaucoup plus graves ; ils oubliaient enfin de remarquer que, pour mettre fin à la comédie judiciaire dénoncée avec tant de vigueur, la meilleure solution aurait peut-être été de renforcer le contrôle exercé par la Cour de cassation sur l'appréciation des causes de divorce. Une fois de plus, ceux qui dénonçaient le mal ne voulaient voir qu'une seule façon de le régler ; plus précisément, voyant les méfaits d'une trop grande tolérance judiciaire contraire à la loi, ils ne voulaient pas proposer le retour à la rigueur légale et préféraient supprimer la règle plutôt que lutter contre sa méconnaissance. Un autre célèbre exemple d'hypocrisie juridique est fourni par le droit de la filiation. A la veille de la réforme de 1972, les auteurs ne comptaient plus les hypothèses où la sévérité de la loi à l'égard des enfants naturels avait conduit à déclarer légitimes des enfants qui n'avaient manifestement pas été conçus par deux personnes mariées. Oubliant que la fonction des qualifications juridiques est de fournir un régime juridique approprié — ce qui justifiait amplement le rattachement de certains enfants naturels à la catégorie des enfants légitimes, dès lors qu'une famille d'accueil s'offrait — les auteurs regrettaient les libertés prises avec la vérité biologique sans bien expliquer les inconvénients de cette distorsion constatée entre le droit et la biologie. Là encore, le silence était gardé sur les risques sociaux de la solution inverse qui conduirait à déclarer équivalentes les conceptions en mariage et hors mariage.

Enfin, le dernier reproche fondamental adressé au droit issu du XIXe siècle était celui d'aboutir à des solutions injustes. Ainsi les « modernes » se plaisaient-ils à remarquer qu'il n'y avait aucune raison de pénaliser l'enfant naturel par rapport à l'enfant légitime, voire l'épouse adultère par rapport à l'époux adultère ou même les femmes enceintes peu fortunées par rapport à celles dont les ressources leur donnaient la chance de pouvoir se faire avorter à l'étranger. Pour la première fois sans doute, la revendication d'égalité — c'est de cela qu'il s'agissait, beaucoup plus que de justice — conduisait à comparer l'incomparable. Au nom de la lutte contre les inégalités sociales, allait être réclamé le droit à l'immoralité pour tous. Les catégories sociales les plus démunies revendiquaient — ou plutôt : les « mass media » et quelques idéologues réclamaient pour elles — non plus des avantages sociaux, mais le droit de mal faire. Les femmes soucieuses d'égalité ne demandaient pas que leurs maris adultères fussent châtiés aussi lourdement qu'elles-mêmes, mais exigeaient de ne plus l'être, ni elles, ni leurs conjoints. Les exemples pourraient être multipliés. En réalité, par une sorte d'aveuglement, chacun ne voulait connaître que ses propres désirs et la facilité d'y succomber, en ignorant tous les préjudices qui pouvaient en résulter pour autrui, c'est-à-dire notamment pour les enfants assassinés avant la naissance ou pour ceux des couples divorcés.

En définitive, ce qui était reproché au vieux Code civil, c'était de prétendre imposer un modèle de vie. Ce qui lui était demandé, c'était de faciliter tous les modes de vie sans distinction et sans trop se soucier de leurs conséquences à long terme. La méthode législative utilisée pour le réformer allait dans une certaine mesure aider à la satisfaction de cette revendication.

2. Méthode législative

Lorsque fut décidée la refonte de la partie du Code civil consacrée au droit de la famille, le Garde des Sceaux de l'époque, M. le président Jean Foyer, confia la rédaction de l'avant-projet des différentes lois à un seul et même auteur. M. Le doyen Jean Carbonnier, certainement le meilleur civiliste de cette moitié du XXe siècle, était le seul apte à réécrire les dispositions légales dans un style aussi élégant que celui de Portalis, l'un des rédacteurs du Code de 1804. L'abandon de la méthode, antérieurement employée en vain, de la commission de réforme faisait espérer un aboutissement plus rapide ; elle permettait aussi une plus grande cohérence de l'œuvre réformatrice. Tous les civilistes français ne purent qu'applaudir à la qualité formelle de l'ensemble des réformes.

En revanche, ils se partagèrent davantage sur le fond et, notamment, sur la démarche adoptée pour la préparation des textes nouveaux. La sociologie et les statistiques y tinrent une très grande place. Si nul ne pouvait contester la nécessité de s'informer sur l'état de la société, sur ses modes de vie et sur ses mentalités, avant de faire des lois pour cette société, il paraissait moins évident que les sondages d'opinion devaient dicter les solutions nouvelles. M. le doyen Jean Carbonnier affirma, à plusieurs reprises, que *« la sociologie n'avait pas légiféré »* ; il reste qu'une certaine tendance à rédiger les lois qui autoriseraient des comportements que les citoyens interrogés ne déclaraient plus choquants se fit jour. Ils furent d'ailleurs plus volontiers interrogés sur la justice de l'inégalité entre enfants naturels et légitimes que sur la nécessité de protéger la famille légitime. M. le doyen Jean Carbonnier remarquait, d'ailleurs, lui-même que les réponses des personnes interrogées au cours des opérations de sondage n'avaient pas valeur de *« choix responsables »* (*Essais sur les lois,* Rép. Defrénois, 1979, p. 238, note 4). Il paraît peu contestable que la méthode sociologique mise en œuvre dans la préparation des réformes a influencé directement les solutions de libéralisation adoptées dans tous les secteurs du droit de la famille.

Une dernière caractéristique de la politique réformatrice adoptée par les Pouvoirs publics français entre 1965 et 1975 est assurément une manifeste démagogie. La démagogie est sensible dans les mots. Il est devenu inévitable de parler d'égalité, égalité des époux, égalité des parents, égalité des enfants, égalité des conjoints et des concubins, égalités des hommes et des femmes... En soi, l'emploi de ce terme apparaît parfois contradictoire. Ainsi, en même temps qu'on explique

que les lois libéralisatrices sont sans danger pour la société parce que le droit ne peut avoir d'influence sur les comportements sociaux – infrastructure sur laquelle la superstructure juridique ne peut rien – on affirme aussi qu'il est de toute nécessité de donner aux femmes l'égalité par la loi. La même démagogie se retrouve dans la présentation des lois. Ainsi, le Président de la République intervint personnellement, en 1975, pour modifier l'avant-projet établi par M. le doyen Carbonnier ; il plaça, en tête des différents cas de divorce, le divorce par consentement mutuel réputé plus « moderne » que le divorce pour faute initialement réglementé en premier ; c'est assez dire que les réformes du droit de la famille – et la libéralisation de l'avortement en offre un autre exemple criant – ont pu avoir une signification directement électorale. Rien d'étonnant, par conséquent, à ce que les considérations à court terme l'aient emporté sur les intérêts permanents des hommes et de la société.

3. Règles caractéristiques

L'ère des transformations du droit de la famille s'ouvrit avec la loi du 13 juillet 1965, portant réforme des régimes matrimoniaux. Quoi de plus anodin qu'une modification du statut des biens des époux ? Voire ! D'entrée de jeu, mari et femme se trouvent à égalité dans la gestion des biens du ménage. L'égalité, c'est surtout la promotion de la femme ; désormais, celle-ci pourra gérer en toute indépendance la portion de patrimoine qui lui est réservée ; mieux, rien ne l'empêche plus d'exercer librement une profession séparée de celle de son mari. Progressivement, contre toute une tradition de collaboration bénévole animée par le sens de la solidarité familiale, l'épouse qui contribue à l'activité de son mari pourra-t-elle réclamer les contreparties pécuniaires de son labeur ? Tel est pourtant le sens d'une récente loi du 10 juillet 1982, aboutissement logique de l'égalité proclamée en 1965 !

Du droit des biens dans la famille, il convenait de passer au droit des personnes. Petitement, mais fermement, l'autorité *« parentale »* vit le jour avec la loi du 4 juin 1970. Dorénavant, l'autorité n'est plus confiée au père, mais aux deux époux en commun (art. 372, C. Civ.). La hiérarchie cède une fois encore le pas à l'égalité. Et si d'aventure les conflits éclatent, tout comme en 1965 le juge interviendra pour les régler. Plus discrètement encore, la famille naturelle se voit pour la première fois dotée d'un statut : dans un couple de concubins, à l'imitation de la famille légitime, l'autorité normalement confiée à la mère, peut l'être aussi aux deux... amants (art. 374, C. civ.).

Mais les fondements nouveaux, les modifications substantielles du droit familial, c'est dans la très importante loi du 3 janvier 1972 relative à la filiation qu'il faut les trouver. Un grand principe y préside ; celui de l'égalité des filiations, quelle qu'en soit l'origine : légitime, naturelle, adultérine (le mot, jugé trop *« moralisateur »*, disparaît d'ailleurs de la loi), voire incestueuse ! Les filiations vécues y sont exaltées au détriment des filiations dites fictives résultant des actes de naissance. Techniquement, les juristes diront que la possession d'état d'enfant, légitime ou naturel peu importe, doit prévaloir sur la filiation qui s'appuie seulement sur un acte de l'état civil. Le fait gouverne le droit. Parallèlement, la famille naturelle conquiert des droits nouveaux, toujours à l'imitation de la famille légitime. L'enfant naturel, élevé habituellement par un couple de concubins, pourra porter le nom de son père ; il est de même constitué héritier réservataire du patrimoine de ses parents ; en un mot, *« il entre dans la famille de son auteur »* (art. 334, C. civ.). Apparaissent enfin des liens de parenté solitaire constitués sur le modèle... d'une famille légitime ! C'est ainsi qu'un enfant naturel adultérin dont les parents, déjà mariés par ailleurs, sont de ce fait dans l'impossibilité de contracter entre eux un autre mariage, peut se voir conférer le statut d'enfant légitime séparément vis-à-vis de son père et de sa mère (art. 333, C. civ.). La disposition souleva de très vives protestations (cf. H. Mazeaud, *Une famille dans le vent : la famille hors mariage,* D. 1971, chr. 99).

Curieusement pourtant l'inquiétude vaut de se porter ailleurs : les développements de l'insémination artificielle, des fécondations *in vitro* et autres manipulations génétiques annoncent une étape de bouleversement total des cadres juridiques, pourtant déjà bien souples et bien conciliants, du droit de la filiation.

En attendant, la famille légitime devait essuyer une ultime défaite, avec la loi du 11 juillet 1975. Désormais, les époux désireux de mettre fin à leur union se voient offerts par le législateur toute une gamme de divorces. Au « traditionnel » divorce pour faute, s'ajoutent en effet : deux cas de divorce par consentement mutuel, deux cas de divorce pour rupture de la vie commune. A chaque couple de choisir le divorce qui lui sied le mieux ! Quant à la loi, soucieuse de dédramatiser le principe et les effets de la rupture, elle oriente, dans la mesure du possible, les époux vers un divorce d'accord. Il faut le constater : la famille est désormais réduite au bon vouloir des époux ; le temps de la famille voulue commence.

La nouvelle idéologie du droit de la famille

Dans le droit civil français antérieur à 1965, l'influence de l'enseignement de l'Église demeurait sensible. Si beaucoup d'objectifs affirmés dans les lois n'étaient pas atteints, les principes étaient maintenus ; sur leur base, aurait pu être construite une politique législative de lutte contre les fléaux sociaux que sont le divorce, l'avortement... Il paraît évident qu'une telle inspiration a été résolument rejetée par les auteurs des réformes du droit civil français de la famille.

Une objection surgit pourtant. Certains ont présenté ces lois comme des mesures de défense de l'Église. Leur thèse est la suivante : si la loi avait, par exemple, continué de restreindre les possibilités de divorcer, la responsabilité en aurait été attribuée à la religion catholique, ce qui aurait pu provoquer une réaction de rejet contre elle. En définitive, des lois anti-catholiques auraient été faites pour empêcher les Français de cesser d'être catholiques. Le raisonnement paraît tout de même difficilement soutenable.

Ce qui est vrai, c'est que le droit nouveau de la famille se targue d'un prétendu *réalisme* qui ne parvient pas à cacher un *individualisme* dont tant d'auteurs ont montré combien il était contraire à la nature réelle de l'homme qui vit en famille et en société. Le « petit d'homme » ne peut vivre et s'épanouir qu'entouré de l'affection de ses parents, telle est la réalité que l'individualisme a fait oublier.

Un prétendu réalisme

C'est sous la bannière du réalisme qu'ont été placées les nouvelles règles du droit français de la famille. Le réalisme, c'est le respect de la vérité biologique dans la détermination des enfants naturels et des enfants légitimes. Au nom du réalisme encore, le législateur donne la première place à la volonté des époux dans la détermination des conséquences de leur divorce, pour en faciliter l'application, de même que l'instauration du divorce par consentement mutuel doit éviter de *« dramatiser »* le divorce et rendre inutile l'hypocrisie des fausses lettres d'injure. Les premières applications jurisprudentielles des dispositions nouvelles ont pourtant révélé qu'il y avait de fausses conventions comme il y avait de fausses lettres ; un époux accepte, par exemple, que la garde des enfants soit confiée apparemment à l'autre parce que l'avocat lui affirme que le juge préférera cette solution et qu'ainsi, le divorce sera prononcé plus rapidement, sans que, par la suite, les époux soient obligés de respecter la convention apparente. Quelques mois plus tard, cet époux découvrait qu'il avait été grugé et que son ex-conjoint avait vraiment l'intention de conserver les enfants près de lui. Quant à croire que la « dramatisation » du divorce pouvait vraiment résultée de lettres, par hypothèse fausses, en raison de leur contenu injurieux,on a peine à le croire. Les divorces tragiques n'ont malheureusement pas disparu avec la réforme de 1975 : le pouvait-il ? En matière juridique, le réalisme est donc un idéal à manier avec précaution.

Dans les réformes évoquées, il a pris la forme particulière du *pluralisme.* Le pluralisme, c'est la démarche législative qui consiste à offrir, à chaque citoyen, un régime juridique qui lui permette de vivre comme il l'entend. Ainsi, en matière de divorce, *« la propension à "se démarier" (ainsi que les juristes commencent à dire), sans être indépendantes du droit, étant bien davantage conditionnée par les mœurs collectives et par la morale individuelle, c'est libéraliser le droit du divorce que de procurer à chaque époux, ou à chaque couple, que les mœurs ou la morale ont déjà absous de divorcer, un modèle juridique qui ne comprime pas sa liberté »* (J. Carbonnier, *op. cit.*, p. 127). Autrement dit, un droit de la famille pluraliste n'offre plus un modèle de vie, mais des modèles — comme on parle des modèles d'automobiles en vente — différents entre lesquels il s'efforce de ne plus manifester aucune préférence.

Le législateur pluraliste prétend être tolérant et refuser de choisir entre les divers comportements que tolère la société à chaque époque. On s'explique mal, dans ces conditions, pourquoi les Pouvoirs publics affirmaient devoir nécessairement libéraliser l'avortement au nom d'une prétendue demande de la société à la même époque où ils refusaient de poser la question de la suppression de la peine de mort à une population dont ils estimaient qu'elle n'était pas en mesure de donner la seule réponse moralement admissible. Il reste qu'en matière familiale, c'est à un « désengagement » du droit que le législateur s'est résolu. Niant le rôle pédagogique et normatif de la loi qui dit ce qui doit être, il a prétendu pouvoir élaborer des règles neutres ; la morale sociale prendrait le relais de la loi. Il était pourtant clair qu'étendre les secteurs de *« non-droit »*, selon une expression due à M. le doyen Carbonnier lui-même, c'était saper l'un des remparts de la morale elle-même. Le droit légiféré dit ce qui est bien ; lorsqu'il dit qu'accouchement et avortement sont deux actes équivalents, il incite inévitablement à accomplir un acte qui est devenu permis et qui, par conséquent, paraît devenu légitime... La démarche législative qui consiste à offrir autant de modèles juridiques qu'il y a de comportements possibles tourne toujours inévitablement au profit du comportement qui paraît le plus commode au moment précis où la question se pose. Même si l'Église condamne divorce et avortement, des lois récentes présentées comme modernes et scientifiques ne peuvent-elles pas être suivies, quand elles rendent bien service, par ceux dont les convictions sont incertaines ? Parmi ceux-ci ne s'en trouve-t-il pas un qui aurait fait effort pour accepter tel défaut de son conjoint ou accueillir un enfant *« non désiré »* s'il avait craint quelques difficultés d'ordre juridique ?

Enfin le réalisme des réformes récentes a été présenté sous une autre forme. Les règles nouvelles ont été justifiées par l'idée d'un nécessaire « compromis politique ; entre les Français qui auraient été *profondément divisés »* sur certaines questions cruciales (J. Carbonnier, *Droit civil, introduction,* t. 1, P.U.F., 14e éd., 1982, n. 15 p. 84). Il est certain qu'après l'intervention d'une certaine presse, quelques députés ont pu craindre pour leur réelection s'ils ne votaient pas pour la libéralisation à la mode, on doute beaucoup plus de la division profonde des Français sur des points comme l'égalité entre enfants légitimes et enfants naturels pour ne citer que celui-là !

Un individualisme renforcé

Pour subsister, la famille a besoin d'unité et de cohésion. En dépit d'assauts répétés durant les deux derniers siècles, le lien familial avait réussi, tant bien que mal, à maintenir son homogénéité foncière. Or, en moins de vingt ans, un éclatement s'est produit : l'individualisme s'est immiscé dans la petite communauté familiale. Pour ce faire, deux orientations nouvelles auront suffi : exaltation de l'autonomie des volontés individuelles, proclamation, directe ou indirecte, de l'égalité de telles volontés.

1. **Le volontarisme**

Certes, nul ne contestera que la volonté ait toujours occupé une place importante dans le droit du mariage, cet acte volontaire et conscient par excellence. Mais il faut bien voir que, traditionnellement, cette volonté se bornait à un acte d'adhésion à une institution dont les époux ne sont pas libres de modifier les traits fondamentaux : droits et obligations leur sont dictés par la nature même du mariage qu'ils acceptent de contracter.

Or, ce point de vue est aujourd'hui largement dépassé par le droit en vigueur. L'union matrimoniale y est analysée de plus en plus comme un contrat pur et simple dont les époux peuvent aménager à leur gré les modalités (« vivra-t-on ensemble ou séparément ?... aurons-nous ou pas des enfants ? ;) et surtout la durée : le consentement mutuel suffit à la dissoudre. Qu'il soit bien souligné que la loi n'entend forcer personne. Ceux qui veulent demeurer fidèles, porter l'un le fardeau de l'autre, le pourront aisément ; rien dans la loi n'y fait obstacle. D'autres préfèrent-ils adopter une vie familiale plus compréhensive ? Là encore le législateur prône la conciliation, le désengagement : *« La conception française du mariage,* disait déjà M. le doyen J. Carbonnier en 1950, *c'est en dernière instance que chaque être humain a la responsabilité, non seulement de son propre bonheur, mais de sa propre moralité. La liberté est pour les autres, le devoir moral n'est que pour moi »* (*Terre et ciel dans le droit du mariage,* Etudes Ripert, 1950, p. 345). A chacun sa morale, donc, le droit n'a point à en juger !

Mais il y a plus : la filiation par le sang devient à son tour affaire de volonté. Qu'un enfant naisse au sein d'une famille légitime, on en pouvait autrefois conclure à la légitimité de son état, la qualité de la filiation résultant normalement de son acte de naissance. Mais une telle conclusion serait aujourd'hui bien hâtive. Le titre d'enfant légitime n'a plus guère de valeur s'il n'est point conforté par la possession d'état d'enfant né du mariage. Or, celle-ci n'est rien d'autre, en dernière analyse, que la volonté de la mère et de son mari de se comporter en véritables parents de l'enfant.

Le rôle joué par la volonté devrait s'accentuer encore avec les développements de l'insémination artificielle. Les différentes tentatives de règlementation de la matière, en France, comme à l'étranger, montrent combien la paternité par contrat risque de se développer. Ainsi, l'épouse qui souhaite avoir recours à une hétéro-insémination doit tout d'abord obtenir l'accord de son conjoint, emportant non seulement autorisation d'une telle pratique, mais encore acceptation anticipée de traiter l'enfant issu de l'insémination comme le sien. Pour l'heure, de telles conventions sont encore inefficaces au regard du principe de l'indisponibilité de l'état des personnes proclamé par le droit français. Mais que dira l'avenir ? Donner force obligatoire à de telles conventions serait encore réduire la légitimité d'un enfant à un acte de volonté.

2. **L'égalitarisme**

Exalter la toute-puissance des volontés individuelles ne serait rien si, en outre, ces volontés n'étaient déclarées égales au regard de la loi. Pourtant, l'individualisme suppose l'égalitarisme. Aussi, qu'il s'agisse des relations entre époux ou des relations entre enfants, il est désormais acquis qu'elles se doivent d'être des relations entre égaux. L'unité familiale en sort profondément blessée.

Dira-t-on que mari et femme possèdent juridiquement l'un et l'autre le pouvoir de gouverner la famille ? C'est malheureusement placer les conjoints en état de concurrence potentielle. Que les divergences éclatent et l'unité substantielle du ménage sera rompue. Le droit nouveau en appelle alors au juge ; mais son intervention, outre qu'elle consacre l'immixtion des autorités publiques au cœur de la vie matrimoniale, ne servira probablement de rien ; elle ne rétablira pas pour autant l'unité perdue.

L'égalité de traitement des enfants légitimes et naturels présente d'autres dangers. L'enfant naturel *« entre dans la famille de son auteur »*, affirme l'article 334 du Code civil. L'affirmation, toute empreinte de générosité à l'égard des enfants nés hors mariage, n'en est pas moins source de graves perturbations pour la famille d'accueil. Les choix du législateur ne sont jamais neutres. Ainsi : qui exercera à l'égard de cet enfant l'autorité parentale ? Quel nom portera-t-il ? Autant de questions, et bien d'autres, auxquelles le législateur tâche d'apporter des réponses... qui aboutissent toutes, par la force des choses, à rompre l'unité familiale.

Mais l'égalité des enfants a d'autres conséquences. Pourquoi se marier si l'on sait que les enfants nés d'un concubinage bénéficieront d'un statut semblable à celui d'enfants légitimes ? L'autorité parentale sera exercée en commeun (art. 374, C; civ.), l'enfant pourra porter le nom de son père (art. 334-2, C. civ.) et sera héritier réservataire de ses parents (art. 757, C. civ.). Une famille naturelle peut se constituer sans risques d'être montrée du doigt par les honnêtes gens : elle est en tout point pareille à une famille légitime. Seulement, c'est une famille naturelle ! La volonté de ne pas se marier peut produire des effets aussi intense que la volonté de contracter une union selon la loi.

De ces bouleversements, l'étonnant serait que la famille fondée sur le sermet en sortit renforcée ; si elle subsiste en apparence, c'est au prix d'une transformation profonde de son identité.

La nouvelle notion juridique de la famille

Les mentalités contemporaines, surtout parmi les plus jeunes, renaclent au mariage : pourquoi passer devant un officier d'état-civil, si le mariage n'est plus réduit qu'à ce pur formalisme ? Une fois encore, la perte du sens profond de la vie, jointe à l'oubli du caractère sacramentel du mariage, ont fait leur œuvre. L'ordre juridique à lui seul est incapable d'apporter une réponse plausible aux interrogations modernes.

D'autant que cet ordre juridique n'offre qu'une image largement déformée de l'institution dont s'agit. Si le maire ou son représentant rappellent, lors de la cérémonie, l'existence de devoirs conjugaux (fidélité, aide et assistance mutuelles), force est de reconnaître que le droit français a progressivement vidé de leur substance ces obligations pourtant naturelles. Le déclin de la notion de mariage est une constante du droit contemporain.

Sur ses cendres, une nouvelle notion de famille, d'allure beaucoup plus volontariste, s'est construite. On ne s'étonnera pourtant pas de constater que les personnes y sont de moins en moins respectées. Au nom de sa liberté individuelle l'un des conjoints imposera à l'autre le renoncement à ses convictions les plus profondes. Toujours au nom de la liberté, des parents pourront refuser la vie à leurs enfants. L'individualisme qui assure le déclin du mariage, engendre aussi logiquement le déclin du respect dû aux personnes.

Le déclin du mariage

C'est devenu malheureusement un lieu commun de dire que le mariage est en déclin. Ce qui est en revanche plus nouveau, c'est que le droit y prête la main ! A l'origine de cette attitude se trouve l'idée, pourtant fortement combattue par l'Église, que le mariage est *« res politica »* (voir J. Carbonnier, *Coligny ou les sermons imaginaires,* P.U.F., 1982, p. 180) . Cette compétence – usurpée – pour légiférer en matière de mœurs, combinée avec le réalisme (cf. *supra*) et l'utilitarisme ambiants, devait donner des résultats plus que douteux.

Dans un premier temps, le droit civil sembla imiter le droit canonique. Mais ce n'était là qu'apparence ; à peine un demi-siècle plus tard, le divorce entrait dans la loi positive. Puis, progressivement, les unes après les autres, toutes les obligations nées du mariage s'estompèrent.

Devoir de mettre au monde des enfants pour participer à l'édification du Royaume de Dieu et de la cité terrestre ? Contraception et avortement réduisent au bon vouloir des époux cette fonction première du mariage. L'avortement peut même – comble de l'individualisme – être pratiqué sur la femme à sa demande, sans que le consentement du mari soit requis. Devoir de mener vie commune ? La loi, c'est le moins qu'on puisse en dire, n'y encourage pas les époux : ils peuvent avoir deux domiciles distincts (art. 108, C. civ.) et l'époux qui a abandonné le foyer conjugal peut désormais demander le divorce au bout de six ans d'absence (art. 237, C. civ.). Devoir d'aide et secours mutuels ? La maladie mentale du conjoint est aujourd'hui une cause de divorce (art. 238, C. civ.). Devoir, enfin, de fidélité ? Convenons qu'il est bien léger ! L'adultère n'encourt de soi plus aucun blâmc, ni pénal, ni civil ; il constitue tout au plus, selon l'expression d'un tribunal, une « légère égratignure » à la foi conjugale. Seuls sles adultères répétés qui rendent intolérable le maintien de la vie commune, pourraient être sanctionnés par... le divorce !

En fait, c'est une toute autre conception du mariage qu'a le législateur contemporain. L'accent y est mis non plus sur les obligations qui découlent de la vie matrimoniale, mais sur la constatation de l'existence d'une communauté de vie. Dans cette conception, seules mériteraient le statut de couples légitimes, les unions réellement vécues dans la vie quotidienne. Un mariage selon le droit qui ne se traduirait pas par un mariage selon les cœurs, ne serait tout au plus qu'une *« coquille vide »* (l'expression est de M. le doyen Carbonnier) que le droit devrait s'empresser de faire disparaître.

Tant que cette union affective demeure, le mariage mérite toutes les considérations de la loi. C'est ainsi qu'une filiation légitime d'après l'acte de naissance, pour être juridiquement inattaquable doit s'inscrire dans le cadre d'une famille unie. Si en revanche l'enfant n'est élevé que par un seul de ses prétendus parents, sa filiation devient douteuse, quiconque, à en croire certaines juridictions, pouvant désormais la contester. Aux dires de certains, une absence de filiation juridique serait même préférable à une filiation non vécue dans les faits. On comprend, en définitive, qu'un concubinage stable et continu, pour reprendre les expressions de la jurisprudence, soit aussi bien traité qu'une union légitime : l'affection mutuelle n'y préside-t-elle pas tout autant ? La notion même de mariage s'en trouve dépassée.

La méconnaissance des personnes humaines

Que le droit civil français tende à méconnaître la personne humaine, c'est une évidence malheureusement peu contestable. La réalité de la nature humaine est, consciemment ou non, délibérément ou non, ignorée aussi bien par les lois qui menacent l'intégrité physique des personnes que par celles qui menacent leur intégrité morale.

Par quelle perversion intellectuelle est-il possible qu'une même loi, celle du 17 janvier 1975, garantisse *« le respect de tout être humain dès le commencement de la vie »* et autorise l'avortement pour convenance personnelle de la femme-mère ? Il faut, en effet, rappeler que non seulement le législateur s'est reconnu le pouvoir de décider quels êtres humains méritaient protection et quels êtres humains étaient voués à la destruction, mais encore qu'il a laissé la femme apprécier librement le sort de son enfant ; en principe, elle n'a le droit de le tuer que si elle estime être en état de détresse, mais aucun contrôle ne s'exerçant sur sa décision, elle peut en réalité avorter à sa guise. La personne humaine est donc totalement méconnue dans son existence même. C'est bien la famille qui est en cause, car le développement de l'avortement résulte, en grande partie, du déclin des structures de protection de la jeune femme enceinte et du déclin du sens de la vie à accueillir. L'irruption de la société dans le sein des familles, qui résulte également du droit nouveau, est tel qu'un juge peut autoriser, à la place de ses parents qui s'y refusent, une jeune mineure à se faire avorter. Ici, comme en matière scolaire par exemple, l'État prétend se substituer à la famille dans toutes ses fonctions les plus naturelles de défense de la vie.

C'est ainsi que se trouve directement menacée l'intégrité morale des personnes. Après ceux qui ont déjà été signalés, un seul exemple suffira à le confirmer. La loi prévoit que le juge doit rejeter la demande en divorce lorsque l'époux défendeur établit que le prononcé de celui-ci aurait pour lui des conséquences d'une exceptionnelle dureté. Cette disposition qui s'applique au divorce demandé pour rupture de la vie commune (séparation de fait ou maladie mentale) a précisé que les conséquences morales devaient être retenues comme les conséquences matérielles. Malgré ce, les juges se montrent extrêmement réservés pour faire jouer une telle règle ; ils n'en accordent, semble-t-il, jamais le bénéfice au mari. Surtout, les convictions religieuses de l'époux défendeur son bien rarement retenues comme susceptibles de lui rendre le divorce insupportable (en ce sens, A. Weill et F. Terre, *Droit civil, La famille,* Dalloz, 5e éd., 1983, n. 442, p. 428).

Conclusion

En définitive, le droit français de la famille s'est considérablement écarté, dans les dernières décennies, de l'enseignement de l'Église. Il ne faut pas dissimuler les graves problèmes de conscience que pose, aux catholiques français, une telle situation. Qu'il s'agisse des avocats, des magistrats, des professeurs de droit, des étudiants ou, plus généralement, des citoyens (tenus, rappelons-le, de verser leur contribution, au titre de l'impôt sur le revenu, au remboursement de l'avortement), ils sont confrontés quotidiennement à des règles juridiques qui heurtent leurs convictions les plus profondes. S'ils peuvent tenter de résister à certaines d'entre elles — en refusant, par exemple, de payer une partie de leurs impôts, acte de désobéissance civile à une loi qui n'est pas du droit — ils subissent inévitablement les pressions d'une société et surtout d'un État qui les refusent.

Il faut encore songer aux nouveaux périls que ne cessera de faire naître le progrès des sciences. Aucune découverte scientifique ne fournit jamais de limite à la folie des hommes ; tout au plus augmente-t-elle leurs possibilités de se nuire à eux-mêmes. On songe avec frayeur au temps proche où, par exemple, le sexe de l'enfant conçu pourra être déterminé dès les premières semaines ; ce sont de nouveaux avortements en perspective. On songe avec frayeur au temps proche où le sexe de l'enfant à naître pourra être choisi par avance ; faudra-t-il voir des divorces provoqués par un désaccord sur la décision à prendre. En paraphrasant le professeur Jérôme Lejeune, membre de l'Académie pontificale des Sciences, il faut redire que seuls des principes moraux sauveront la famille française et son droit.

LES CONVICTIONS RELIGIEUSES DANS LA JURISPRUDENCE FRANÇAISE EN MATIÈRE DE DIVORCE

par M. Christian Atias

Professeur à la Faculté de Droit et de Science politique de l'Université d'Aix-en-Marseille III

Directeur du Centre de Philosophie du Droit

* La présente étude n'a pu être réalisée qu'après avoir bénéficié de l'aide de la banque de données *Juris-Data* dont nous tenons à remercier les responsables ; les références données (doc. n.) renvoient à cette banque. Elle a déjà été publiée dans *La Semaine juridique* (J.C.P., 1984, I, n. 3151) dont nous tenons à remercier le rédacteur en chef, M. Dorat des Monts, qui nous a autorisé à la reproduire. — Bibliographie : Barbien, note sous Paris, 15 octobre 1971, *GP* 1972, 1, p. 121 et *infra* note 20. — J. Carbonnier, note *D* 1948, p. 579, *D* 1969, p. 366. — P. Coulombel, « Le droit privé français devant le fait religieux depuis la séparation des Églises et de l'État », *Rev. tr. dr. civ.* 1956, p. 9. — L. de Naurois, « Aux confins du droit privé et du droit public — La liberté religieuse », *Rev. tr. dr. civ.* 1962, p. 241. — R. Nerson, obs. à la *Rev. tr. dr. civ.* 1978, p. 641 et 1980, p. 751.

Il n'y a pires pièges pour l'esprit que ceux où il s'enferme lui-même. Le mythe de la laïcité de l'État en est l'exemple.« *Le drame de l'humanisme athée* [1] », c'est de perdre une dimension majeure de l'humaine nature. Les juges en particulier peuvent-ils rendre justice aux époux en conflit, s'ils font systématiquement abstraction des convictions religieuses des uns ou des autres ? Une réponse négative semble s'imposer, notamment dans les domaines où les préoccupations religieuses sont très souvent présentes. Il en est ainsi dans le prononcé du divorce, comme dans la détermination de ses conséquences.

L'excuse que se donnent beaucoup de juristes pour ignorer les convictions religieuses est bien connue des Français ; elle est même, pour eux, une autre religion dont ils croient pouvoir se contenter. C'est d'abord la liberté. C'est cette liberté de conscience qui est une utile protection contre les entreprises étatiques ; malheureusement, cette libération du citoyen à l'égard de l'État est généralement portée par une autre libération : « *L'homme élimine Dieu pour rentrer lui-même en possession de la grandeur humaine qui lui semble indûment détenue par un autre. En Dieu, il renverse un obstacle pour conquérir sa liberté...* [2] » avant de découvrir qu'elle est sa prison. L'excuse invoquée, c'est aussi l'égalité, égalité des croyants et des incroyants, égalité des fidèles de toutes les religions. C'est enfin la fraternité nécessairement régnante entre des citoyens que leur foi ne divise plus [3].

Notre propos est de prendre le législateur au mot. En examinant les applications de la loi française sur le divorce, il doit être possible de dire si la laïcité est bien ici synonyme de liberté, d'égalité et de fraternité. Le droit du divorce ne peut, en effet, escamoter les considérations religieuses. Elles sont constamment en cause ; toutes les religions ont l'occasion d'interférer avec les dispositions légales qui

1. H. de Lubac, *Le drame de l'humanisme athée*, 7e éd., éd. du Cerf, 1983.

2. H. de Lubac, *op. cit.*, p. 21. Cf. p. 31, la citation de Bakounine.

3. Cf. H. de Lubac, *op. cit.*, p. 178 sur Auguste Comte et le religion de l'humanité

fixent les conditions du prononcé du divorce ou déterminent ses conséquences [4].

Les convictions religieuses influencent maints aspects de la décision judiciaire relative à la rupture du lien conjugal. C'est parfois la religion elle-même qui fait irruption dans la procédure lorsque se pose la question du divorce d'époux de nationalités différentes ou étrangères. Par exemple, pour dénier toute portée juridique en France à la sentence d'un tribunal rabbinique ayant prononcé un divorce entre deux époux de nationalité syrienne, une Cour d'appel affirmera qu'il *« ne peut y avoir en France de divorce sans décision judiciaire et (que) les actes des autorités religieuses y sont en la matière dénués d'effet civil [5] ».* Beaucoup plus fréquemment, les sentiments religieux sont pris en considération pour décider du prononcé du divorce ou pour en déterminer les conséquences. Dans la première hypothèse où le principe même de la dissolution du mariage est discuté, le mysticisme de l'un des époux est invoqué comme une faute cause de divorce, parce qu'il le conduit à méconnaître ses obligations conjugales ou parentales. Il se peut à l'inverse que, dans certains cas où la loi en donne l'occasion, l'époux défendeur tente de s'opposer au prononcé du divorce en se prévalant de ses propres convictions ; il allègue *« l'exceptionnelle dureté »* morale qui résulterait, pour lui, de la situation de divorcé et oppose ainsi une fin de non-recevoir à la demande de son conjoint. Le propre de ces hypothèses est de ne se rencontrer que dans certains des cas de divorce énumérés par la loi : divorce pour faute et divorce pour rupture de la vie commune. La religion peut, au contraire, intervenir dans la détermination des conséquences du divorce, quel que soit le cas envisagé. Elle peut être prise en considération par les juges lorsque l'éducation des enfants est source de conflits postérieurs au divorce ; de telles espèces rappellent à qui voulait

4. Même, semble-t-il, les religions pour lesquelles le mariage est *res politica :* cf. J. Carbonnier, *Coligny ou les sermons imaginaires, Lectures pour le protestantisme français d'aujourd'hui,* Paris, P.U.F., 1982, p. 180. Il faut observer que la religion protestante est la seule des grandes religions pratiquées en France qui ne soit jamais expressément citée dans les décisions recensées par l'ordinateur. Comment interpréter cette observation ?

5. Cass. civ. 1re, 15 juin 1982 : document n. 1439. Cf. Cass. civ. 1re, 17 février 1982 : doc. n. 869 : époux de religion musulmane acquérant la nationalité algérienne et obtenant le divorce qui lui avait été refusé en France (absence de fraude). Paris, 1re ch. suppl., 21 novembre 1978 : doc. n. 270 : loi applicable au divorce d'époux marocains de religion israélite. Cass. civ. 2e, 19 janvier 1972 : Bull. civ. II, n. 19 : double célébration du mariage (forme religieuse locale), date à mentionner dans l'assignation en divorce. Sur une hypothèse toute différente et bien connue, Lyon, 7 octobre 1976 : *Gaz. Pal.* 1977, 1, p. 32, note L.C. : remariage après divorce comme cause de licenciement d'un membre du personnel enseignant d'une institution catholique d'enseignement.

l'oublier que la rupture du lien conjugal n'est pas une panacée qui supprimerait toute difficulté et qui serait au pouvoir de la volonté des époux. Les convictions religieuses peuvent enfin influencer l'appréciation judiciaire du préjudice subi par l'un des conjoints.

Bien entendu, ces questions ne devraient pas se poser lorsque les croyances des deux époux étaient à l'origine et sont restées identiques et de même intensité. Même lorsqu'il en est ainsi, il est pourtant à craindre que des convictions prétendues soient utilisées comme prétexte pour la poursuite de fins toutes différentes. L'époux qui craint de voir tous les torts mis à sa charge tentera de démontrer que le mysticisme de son conjoint était fautif [6]. Une fois les époux séparés, les divergences d'ordre religieux peuvent servir de moyens de pression. Pourtant, rien n'autorise évidemment à présumer l'existence de telles attitudes déloyales. Il importe donc que les juges veillent à examiner chaque situation en elle-même sans idées préconçues, sans aucun principe systématique de solution.

Il y a incontestablement une réalité religieuse dans certains divorces. Il faut alors se demander si la laïcité est la meilleure des directives à suivre pour l'aborder. Qu'elle puisse constituer une règle opportune lorsque l'État reconnaît des droits ou impose des obligations, c'est une certitude ; mais il n'y a évidemment pas de droit au divorce. En cette matière, la religion ne se présente pas comme une source de discrimination, d'inégalité ; elle est un élément à retenir dans l'appréciation des circonstances pour éviter de traiter également des choses inégales. Le juge ne peut se désintéresser d'un aspect aussi essentiel du juste partage qui lui est demandé. S'il le faisait, il ne pourrait qu'avantager anormalement l'époux qui se prévaut seulement de préjudices d'un autre ordre. En définitive, une laïcité mal comprise pourrait bien être le paravent idéologique utilisé pour cacher un certain mode de règlement du conflit religieux latent. Il serait alors permis de penser qu'elle ne revêtirait pas la même signification selon que ce conflit opposerait l'autorité étatique à une religion ou seulement deux religions entre elles. Dans le premier cas — lorsque c'est le prononcé du divorce qui est discuté — la laïcité pourrait bien tendre à fonctionner comme une religion d'État, supra-religion qui tolérerait mal la concurrence des autres. Lorsque seules les conséquences du divorce comportent des aspects religieux, les juges semblent beaucoup plus à

6. Pour une hypothèse d'inconduite du mari (alcoolisme et liaison adultère) où les activités religieuses de la femme lui ont été reprochées en vain : Colmar, 1re ch., 8 juin 1983 : doc. n. 41595.

l'aise pour trancher entre deux religions qui sont aussi indifférentes à l'État l'une que l'autre. La guerre de religions n'oppose plus que deux belligérants.

La doctrine s'est parfois inquiétée de cet aspect des choses. Ainsi, lors de la préparation de la réforme réalisée par la loi du 11 juillet 1975, l'auteur de l'avant-projet tînt compte des positions respectives des différentes confessions représentées en France. C'est en invoquant le souci de protéger l'Église catholique que M. le doyen Jean Carbonnier rejeta la proposition de créer deux types de mariage civil dont l'un seulement serait indissoluble et l'autre susceptible de dissolution par divorce. Dès lors que seule la première forme aurait pu être suivie d'un mariage catholique et que le goût des cérémonies religieuses ne va pas toujours de pair avec la foi, *« le risque de la formule faussement pluraliste serait de fabriquer des anticlériaux*[7] *»* parmi ceux qui auraient choisi le mariage indissoluble pour pouvoir « se marier à l'église » et se repentiraient ensuite de cette décision. Dans l'application du droit nouveau, la doctrine semble se préoccuper beaucoup moins de cette signification des partis pris par le législateur et par les juges. Certains de ses représentants les plus éminents se contentent de noter, par exemple dans l'application de la clause de dureté, fin de non-recevoir au divorce pour rupture de la vie commune, que *« l'existence de convictions religieuses ne* (peut) *fonder l'invocation »* de cette règle[8]. D'autres[9] semblent penser que la prise en considération des conséquences morales du divorce serait *« le signe d'une tendance à une interprétation laxiste »* de la disposition légale.

Il est évidemment difficile de dégager des tendances dans un domaine où règne souverainement l'appréciation des juges du fond. La Cour de cassation se refuse, en principe, à exercer son contrôle unificateur. Une première consultation superficielle de la jurisprudence permet seulement de dégager certaines caractéristiques. Il faut observer que les convictions religieuses sont *souvent* invoquées par l'un ou l'autre des époux ; il serait excessif de dire que l'argument est *toujours* vain. Ces considérations apparaissent surtout dans les divorces demandés par les maris contre leurs femmes à qui ils reprochent un

7. J. Carbonnier. *Droit civil*, t. 2, *La famille. Les incapacités*, Paris, P.U.F., 12e éd., 1983, n. 51, p. 148.

8. A. Weill et F. Terré, *Droit civil. Les personnes, la famille, les incapacités*, Paris, Dalloz, 5e éd., 1983, n. 442, p. 428. — A. Bénabent, *Droit civil, la famille*, Librairies techniques, 2e éd., 1984, p. 226, n. 316 ; cf. n. 311, p. 220.

9. R. Lindon, *J.C.P.*, 1977, II, 18599. — Adde, du même auteur, *J.C.P.* 1978, I, 2886 ; *J.C.P.*, I, 2857 ; *J.C.P.*, 1978, II, 18656.

mysticisme excessif ou qui se prévalent de leurs sentiments pour résister à la demande. La situation inverse peut se rencontrer [10]. Une analyse aussi sommaire ne permet évidemment pas de savoir si l'application de la loi nouvelle est religieusement neutre et parvient à instaurer une égalité des religions. Elle peut offrir l'occasion de mesurer la distance qui sépare le droit français de la position de l'Église catholique rappelée à plusieurs reprises par Sa Sainteté Jean Paul II : *« Lorsque l'institution du mariage est laissée à l'égoïsme des hommes ou réduite à un arrangement temporaire et conditionnel auquel on peut mettre fin sans difficulté, nous nous dresserons et nous réaffirmerons le lien indissoluble du mariage* [11] *»*. Pour ce faire, il faut envisager successivement le prononcé du divorce et la détermination de ses conséquences.

I. *Convictions religieuses et prononcé du divorce*

Les sentiments religieux de l'un des époux peuvent influencer de deux façons le prononcé du divorce. Elles peuvent être un moyen d'obtenir la rupture du lien conjugal ou, au contraire, un moyen de l'empêcher. Il faut observer d'emblée qu'il s'agit de deux cas légaux de divorce différents, divorce pour faute et divorce pour rupture de la vie commune. Dans les deux hypothèses, c'est une appréciation morale que le juge porte sur la situation des époux. Autant dire que les mœurs communes – l'idée que le juge s'en fait – ne pourront être étrangères à la position adoptée. Dans le premier cas, c'est le comportement antérieur des conjoints qui va être examiné ; dans le second, les conséquences du divorce sont à envisager.

A. Divorce pour faute les convictions religieuses comme cause de divorce

Les sentiments religieux s'ajoutant à d'autres circonstances peuvent être qualifiées de *« faits* (constituant) *une violation grave ou renouvelée des devoirs et obligations du mariage et* (rendant) *intolérable le maintien de la vie commune* [12] *»*. Le principe est hors de doute. Quant à la pratique judiciaire, elle révèle surtout des difficultés d'ordre probatoire qui expliquent beaucoup des refus de prononcer le divorce pour de telles fautes.

10. Cf. tableau en annexe. Comparer A. Weill et F; Terré, *op. cit.*, n. 442, p. 426.

11. Homélie du 7 octobre 1979 au Capitol Hall de Washington.

12. Article 242 C. civ.

Tel est le sens d'une première série de décisions ! Les sentiments religieux ne sont évidemment pas reprochables en eux-mêmes. De même, la simple circonstance que des époux — mariés depuis trente et un ans — aient des convictions divergentes, ne saurait justifier le prononcé du divorce [13]. De même encore, la simple allégation du désintérêt de la femme pour les travaux ménagers prétendûment sacrifiés à ses activités religieuses ne peut être tenue pour prouvée par un témoignage indirect de sa belle-mère [14]. Mieux, la foi loin de contrarier les qualités maternelles peut en être le soutien [15]. Il est donc clair que la preuve exigée du demandeur en divorce porte, non seulement sur les sentiments religieux de son conjoint, mais encore sur leurs conséquences supposées néfastes. Le simple refus de la femme d'accompagner son mari à une fête religieuse n'est pas constitutif, à soi seul, de la faute exigée par la loi [16]. Enfin, l'adhésion à une secte n'étant pas fautive, les torts ne peuvent résulter que de la preuve complémentaire de ses effets nuisibles au maintien du lien conjugal [17].

Dans une deuxième série de décisions, le divorce est prononcé soit parce que l'interdiction faite par le mari à la femme d'assister à une cérémonie intéressant son enfant vient confirmer « l'attitude autoritaire et méprisante » de l'époux [18], soit parce que, *« sous l'empire de ses convictions religieuses, la femme, adhérente à une secte, imposait à son entourage et à son fils en particulier une nourriture étrange [19] ».* La même décision relève, de manière significative, que la mère *« n'élevait pas* (son enfant) *suivant les principes de la religion de la famille ».* Des circonstances comparables imputables au mari dont la frénésie religieuse allait jusqu'à transformer le logement familial, meublé d'objets religieux, en édifice consacré au culte, justifie la même décision de rupture du mariage [20]. Il en est d'autant plus ainsi lorsque l'attitude du mari résulte d'une conversion survenue après dix années de mariage.

13. Partis, 6e ch., 10 juin 1976 : doc. n. 322.

14. Colmar, 1re ch., 8 juin 1983 ; doc. 41595. — Paris, 23e ch., 28 février 1978 : doc. n. 132.

15. *Ibidem.*

16. Paris, 7e ch., section A, 28 septembre 1983 ; doc. n. 30130.

17. Rennes, 6e ch., 13 avril 1981 : doc. n. 40347 : il faut noter que le fait qu'il s'agisse d'une secte est ici tenu, en soi, pour indifférent.

18. Paris, 24e ch., section A, 25 octobre 1983 : doc. n. 30752.

19. Cass. civ. 2e 11 mars 1981 : doc. n. 960. — *Adde*, Paris, 24e ch., 10 mai 1977 : doc. n. 178 : exaltation religieuse conduisant la femme à imposer au mari de faire chambre à part, à lui refuser toute marque d'affection et à dénigrer systématiquement son beau-père auprès de son enfant. Paris, 24e ch., 14 décembre 1979 : doc. n. 391.

20. Cass. civ. 2e, 19 juin 1975 : *Gaz. Pal.* 1975, 2, p. 721, note Barbier.

Dans toutes ces espèces, il apparaît que les convictions religieuses ne sont pas l'élément déterminant de l'appréciation judiciaire. Ce sont des comportements qu'il s'agit de juger. Ce qui est reproché, c'est une attitude non conforme aux obligations du mariage, standard défini par l'opinion commune [21]. Le pluralisme législatif marque donc ici le pas. Très simplement, la conception supposée majoritaire de ce qui, dans un couple, peut revenir à Dieu, impose sa loi. Les religions les plus minoritaires sont nécessairement défavorisées par une appréciation fondée sur l'idée du mariage et de la religion, dominante en France à l'heure actuelle. Il n'est pas sûr que la religion majoritaire – la religion catholique – y trouve son compte. Son importance statistique la conduit nécessairement à accueillir les fidèles les moins convaincus dont l'attitude fort peu religieuse influence la définition judiciaire du comportement moyen et peut ainsi tourner au détriment de ceux dont la pratique est plus intense. Il reste que le respect des traditions chrétiennes et occidentales permet de veiller à la sauvegarde des intérêts les plus gravements menacés, ceux des enfants. De surcroît, le divorce ne doit pas être présenté comme la seule voie de droit disponible. Des contraintes indirectes diverses pourraient être exercées sur l'époux coupable pour tenter de le rappeler à ses devoirs conjugaux ; des condamnations à dommages-intérêts seraient parfaitement justifiées. L'important est de ne pas concevoir le maintien du lien conjugal comme le sacrifice de l'époux demandeur, victime du mysticisme excessif de son conjoint ; celui-ci peut d'ailleurs avoir besoin d'une aide affectionnée pour revenir à une pratique religieuse plus mesurée [22]. C'est un autre espoir – celui du retour au respect de ses engagements conjugaux par le conjoint – qui anime les efforts déployés par certains époux pour s'opposer au divorce contraire à leurs convictions.

B. **Divorce pour rupture de la vie commune Les convictions religieuses, comme obstacle au divorce**

« Madame N. exerce au sein de la paroisse Saint-Jacques des fonctions de catéchiste et est membre du Tiers-Ordre du Carmel ; il est certain que cette femme qui souffre déjà d'avoir été abandonnée

21. S. Rials, *Le juge administratif français et la technique du standard (essai sur le traitement juridictionnel de l'idée de normalité)*, préface P. Weil, Paris, L.G.D.J., 1980.

22. Il faut remarquer que cette idée-là était très présente dans la réforme de 1968 relative aux incapables majeurs.

par son mari va être victime de la réprobation du milieu qu'elle fréquente du fait du prononcé du divorce quand bien même celui-ci ne serait pas prononcé sur le fondement d'une faute et il apparaît ainsi que celui-ci aurait pour elle des conséquences d'une exceptionnelle dureté [23]. » La loi donne, à l'époux assigné par son conjoint demandant à divorcer pour rupture de la vie commune, un moyen de résister : *« Si l'autre époux établit que le divorce aurait, soit pour lui, soit pour les enfants, des conséquences matérielles ou morales d'une exceptionnelle dureté, le juge rejette la demande* [24]. » *« Tempérament indispensable* [25] » à l'introduction dans notre droit d'une voie de répudiation unilatérale, une telle disposition suscite une difficulté d'interprétation. Une mauvaise habitude incite les juristes français à associer, à l'idée d'exception, celle d'une interprétation stricte. C'est en général une erreur [26]. C'est ici une erreur spécialement regrettable. Ce que le législateur a voulu, c'est que le divorce soit seulement écarté dans des circonstances particulières ; sans songer à des cas tout à fait hors du commun [27], il suffit de remarquer que le divorce peut avoir des inconvénients pour l'un des époux plus considérables que les avantages procurés à l'autre. Il n'est d'ailleurs pas exclu que la fermeté des convictions de l'un des conjoints parvienne au rétablissement du lien conjugal. Influencée par l'idéologie ambiante, la jurisprudence ne semble pas toujours raisonner ainsi. Les tribunaux sont tentés par un dogmatisme abstrait qui leur permettrait de prononcer systématiquement le divorce en affirmant seulement que *« la jurisprudence n'a jamais retenu les convictions religieuses interdisant le divorce* [28] ». La Cour de cassation s'oppose heureusement à l'emploi de cette sorte de motivation et rappelle les juges à leurs devoirs : c'est une appréciation empirique qu'ils doivent mener au vu des circonstances propres à chaque espèce [29].

23. Trib. gr. Inst. Perpignan, 1re ch., 29 février 1984 : *D.S.* 1985, note A. Sériaux.

24. Article 240 C. civ.

25. Expression employée par le Garde des Sceaux et citée in H. et L., J. Mazeaud, *Leçons de droit civil*, t. 1, 3e vol., 6e éd., par M. de Juglart, Paris, Montchrestien, 1976, n. 1426, p. 841.

26. G. Cornu, *L'apport des réformes récentes du Code civil à la théorie du droit civil*, cours de D.E.S., Paris, Les cours de droit, 1971, p. 203, 212 et 216.

27. H. et L. Mazeaud, *op. cit.*, n. 1426, p. 841 : ces auteurs rejettent l'interprétation stricte.

28. Toulouse, 1re ch., 23 juin 1981 : cassé par l'arrêt cité en note suivante.

29. Cass. civ., 2^e^n, 14 avril 1983 : doc. n. 694.

Il faut donc résister à la tentation simplificatrice qui ferait dire que les convictions religieuses ne peuvent jamais justifier l'accueil par les juges de la fin de non-recevoir de l'article 240. Pourtant, nombreuses sont les décisions qui rejettent le moyen tiré de ce texte [30], certaines allant jusqu'à poser en principe que *« les convictions religieuses ne sont pas prises en considération par la loi* [31] *»* ; une telle argumentation qui distingue, parmi les conséquences morales du divorce, là où la loi ne distingue pas, encourt évidemment la cassation. De plus, lorsque les convictions religieuses sont retenues, c'est dans des hypothèses assez particulières où, par exemple, l'épouse défenderesse peut se prévaloir d'avoir été *« la collaboratrice* (de son époux qui était rabbin, ayant contribué) *au développement d'une communauté religieuse importante »* et d'avoir *« partagé la foi de son époux qui était pour elle son directeur de conscience et son autorité spirituelle de référence* [32] *».*

Dans la pratique judiciaire actuelle, sans être totalement négligées, les convictions religieuses sont difficiles à invoquer seules pour s'opposer au divorce. Elles sont retenues lorsque la santé du conjoint défendeur est menacée par le trouble moral résultant de la rupture du lien conjugal [33]. Les juges se laisseraient également fléchir dans les hypothèses où l'entourage familial et social partageant les convictions du défendeur attacherait une profonde réprobation au prononcé du divorce [34]. Dans toutes les espèces, la principale difficulté demeure d'ailleurs d'ordre probatoire [35]. C'est ce phénomène-là qui mérite réflexion, car il est de nature à révéler la véritable signification des décisions rejetant l'argument tiré de l'article 240 du Code civil. Il se

30. Rennes, 6e ch., 10 mai 1982 : doc. n. 41581. – Paris, 7e ch., 26 mai 1981 : doc. n. 28496. – Paris, 24e ch., 10 mars 1981 : doc. n. 24239. – Paris, 7e ch., 29 octobre 1980 : doc. n. 680. – Cass. civ. 2e, 16 juillet 1979 : Bull. civ. n. 218, p. 150. – Paris, 7e ch., 25 septembre 1978 : doc. n. 577.

31. Paris, 7e ch., 19 mai 1980 : doc. n. 341. – Paris, 24e ch., 28 octobre 1981 : doc. n. 29594.

32. Paris, 24e ch., 16 mars 1978 : J.C.P. 1978, II, 18964, obs. R. Lindon (2e esp.).

33. Rennes, 6e ch., 6 janvier 1983 : doc. n. 40190. – Douai, 7e ch. 25 février 1983 : doc. n. 40536. – Paris, 1re ch., 22 juin 1979 : doc. n. 751. – Trib. gr. Inst. Boulogne-sur-Mer, 15 avril 1977 : *Gaz. Pal.* 1977, 2, p. 410, note Brazier. – Trib. gr. inst. 1er avril 1977 : *J.C.P.* 1978, II, 18807, obs. R. Lindon.

34. *A contrario,* Paris, 7e ch., 25 juin 1980 : doc. n. 461. – Cass. civ. 2e, 15 octobre 1980 : doc. n. 5157 – Bull. civ. II, n. 209, p. 142 ; *J.C.P.* 1981, II, 19658, observ. R. Lindon. – Paris, 1re ch., 22 juin 1979 : doc. n. 751. – *Adde* Trib. gr. Inst. Perpignan, 24 février 1984, précité.

35. Douai, 7e ch., 25 février 1983 : doc. n. 40536. – Douai, 7e ch., 4 février 1983 : doc. n. 40533. – Paris, 24e ch. section A, 10 mai 1983 : doc. n. 25448. – Angers, 2e ch., 1er février 1982 : doc. n. 41146. – Paris, 7e ch., 17 décembre 1980 : doc. n. 819. – Paris, 17e ch., 9 mars 1979 : doc. n. 210. – Paris, 1re ch. suppl., 23 novembre 1978 : doc. n. 273.

pourrait que, derrière les motivations apparentes, se profilent d'autres explications.

a. *Les motivations apparentes*

Quelles sont les raisons avancées par les juges pour refuser de débouter le demandeur en divorce pour rupture de la vie commune dont le conjoint se prévaut de ses convictions religieuses opposées au divorce ? A l'évidence, ces raisons procèdent d'un jugement de valeur porté sur ces convictions mêmes. Sous couvert de laïcité, le dogme, le dogme catholique en particulier, est mis en accusation. Tout se passe comme si l'époux qui veut imposer son absence de convictions à l'autre bénéficiait d'un préjugé favorable ; tout se passe comme si la loi avait institué un « droit au divorce ». Plusieurs reproches sont ainsi indirectement adressés aux arguments religieux par des décisions qui peuvent être rangées en deux rubriques.

Certains tribunaux utilisent les critiques ou hésitations théologiques dont l'indissolubilité du mariage a pu être l'occasion, toutes ces « réponses superficielles » faites à la « question de conscience » posée par le droit national aux catholiques français [36]. En effet, *« beaucoup de civilistes* (Planiol, Colin et Capitant, Josserand) *ont déclaré ne pas la comprendre : le conjoint innocent n'a qu'à s'abstenir de demander le divorce, le conjoint coupable n'a qu'à s'incriminer lui-même ; et puis, l'Église fait profession d'ignorer le mariage civil, qu'importent alors les solutions adoptées par le législateur laïc pour ce mariage ? En toute hypothèse, l'époux catholique pourra toujours se conformer à sa loi en n'usant pas de la faculté de se remarier* [37] *»*. Ainsi les juges remarquent-ils que *« la dissolution du contrat civil... laisse subsister le mariage religieux* [38] *»*. Ils tirent également argument de ce que *« la réprobation de l'Église n'atteignant que l'époux divorcé qui se remarie ne s'applique pas au conjoint délaissé qui reste fidèle à son engagement matrimonial* [39] *»*. Un telle motivation paraît difficilement admissible.

C'est au nom de la laïcité que les juridictions étatiques aboutissent à donner une leçon de théologie aux époux catholiques. Comment peuvent-elles prétendre interpréter un dogme qui n'existe pas à leur égard et qu'elles veulent ignorer ? C'est pourtant bien à cela que confine,

36. Jean Carbonnier, *op. cit.*, n. 49, p. 145.

37. *Ibidem.*

38. Rennes, 6e ch., 6 janvier 1983 : doc. n. 40190. – Paris, 24e ch., 30 juin 1982 : doc. n. 29287. – Paris, 25e ch., 1er juin 1979 : doc. n. 430.

39. Montpellier, 1re ch., 1er décembre 1981 : doc. n. 106.

par exemple, le jugement du 4 novembre 1981 du tribunal de Grande Instance de Nîmes, lorsqu'il s'arroge le pouvoir de dicter sa conduite à l'épouse defenderesse : *« La femme dont l'esprit reste clair et précis et ouvert à l'actualité ne peut ignorer l'évolution des mœurs et des principes religieux et peut être capable ainsi d'admettre certaines violations à ces principes, notamment lorsqu'elles sont la conséquence de circonstances qui inclinent vers le pardon* [40] *».* Devant un tel morceau de catéchisme décadent, comment ne pas songer à l'enseignement du cardinal de Lubac : *« Ceux qui n'ont pas eu d'autre souci que de "marcher avec leur temps", épousant ses goûts, ses idées, ses passions, ses préjugés, ses engouements, ses manies — ceux-là seront vite vieillis, dépassés. Ils sont, comme on dit, "à la page" : mais une page est vite tournée*[41]. » Il est, par ailleurs, assez piquant de voir les mêmes autorités publiques qui prétendent devoir s'interdire d'apprécier si la situation d'une femme enceinte *« justifie »* (?) l'avortement[42] ne pas hésiter à déterminer le contenu d'un dogme religieux et les conséquences qu'un fidèle doit déduire de ses propres convictions. Une observation de même ordre vaut pour des décisions qui négligent les convictions religieuses de la défenderesse au seul motif qu'elles seraient *« contredites par un précédent divorce* [43] *»* ou encore par l'absence de célébration religieuse du mariage [44] ; n'est-il pas permis de se repentir, voire de se convertir ou, au moins, de revenir à la foi ? La référence à l'idée de laïcité est, en elle-même, inadmissible dès lors que les juges prennent souvent en considération les convictions religieuses à d'autres propos. Il en est ainsi en matière d'éducation des enfants, ou des jugements n'hésitent pas à autoriser ou à interdire un baptême par exemple, mais aussi lorsqu'est demandée réparation du préjudice résultant, pour une femme divorcée, de l'impossibilité de se remarier selon les exigences de sa religion, faute par le mari d'accomplir certaine formalité [45]. Il paraît également curieux que les convictions religieuses puissent être tenues à l'écart tandis que des juges repoussent l'allégation d'un attachement au mariage au prétexte qu'elle ne se

40. Nimes, 2e ch., 23 février 1983 : doc. n. 106.

41. H. de Lubac, *Paradoxes* suivi de *Nouveaux Paradoxes*, Paris, Seuil, 1983, p. 79.

42. C. Atias, *Normatif et non normatif dans la législation récente du droit privé, R.R.J.* n. VII-13, 1982-2, p. 219 et s., et spécialement p. 220 (revue de la Faculté de Droit et de Science politique d'Aix-Marseille).

43. Paris, 7e ch., 17 décembre 1980 : doc. n. 819.

44. Douai, 7e ch., 25 février 1983 : doc. n. 40536.

45. Cass. civ., 2e ch., 21 avril 1982 : doc. n. 1003. — Paris, 1re ch. suppl., 16 janvier 1981 doc. n. 25279. — Cass. civ. 2e ch. 13 décembre 1972 : *Bull. civ.* II, n. 320, p. 264. - Comparer *infra* texte et note 65.

fonde pas sur des convictions morales ou religieuses [46]. Il est donc permis de penser que cette première série jurisprudentielle ne peut être expliquée par les seuls motifs qu'elle invoque explicitement.

Il en est de même pour les décisions qui affirment devoir ignorer les préoccupations religieuses parce qu'elles relèvent *« d'éléments d'appréciation purement subjectifs* [47] *»* ou constituent un *« motif purement personnel* [48] *»*. Le juge se trouverait alors empêché *« d'en apprécier la force et la sincérité* [49] *»*. Cette soudaine réserve a de quoi étonner qui se souvient de la jurisprudence relative aux préjudices moraux, d'affection, esthétiques... Ne voilà-t-il pas que ces juges, parfaitements capables de traduire en une somme d'argent la perte d'un être cher ou celle d'un joli visage, sont embarrassés pour envisager des croyanccs !

b. *Les motivations véritables*

En réalité, certains jugements et arrêts disent beaucoup plus clairement les raisons de la défaveur où sont tenues les convictions religieuses. Les juges raisonnent en termes de normalité. Le divorce est, selon eux, l'une des issues possibles du mariage, l'une des issues que la morale sociale commune perçoit comme équivalente à la mort. Le divorce entraîne des *« inconvénients normaux* [50] *»*. Les atteintes portées aux sentiments religieux *« ne constituent que celles qui sont normalement ressenties par l'époux abandonné* [51] *»*. Par conséquent, dès lors qu'il est normal, en France, d'être catholique et non moins normal de divorcer, nul ne peut se prévaloir de la qualité de catholique pour refuser le divorce au nom de ses convictions. Au résultat, ce mode d'appréciation judiciaire conduit nécessairement à défavoriser les fidèles de la religion majoritaire, même lorsqu'ils sont très pieux et veulent s'en tenir à l'enseignement de l'Église[52].

La laïcité n'apparaît donc pas comme le moyen de traiter également toutes les religions. Il importe que les juges se livrent à une véritable analyse empirique des circonstances qui entourent le divorce et retiennent, à ce titre, les sentiments religieux, comme toutes les autres données de leur décision. Les auteurs devraient veiller à ne pas don-

46. Douai, 7e ch., 4 février 1983 : doc. n. 40533.

47. Paris, 24e ch., 28 octobre 1981 : doc. n. 29594.

48. Paris, 1re ch., 24 octobre 1978 : doc. n. 1030.

50. Rennes, 6e ch., 6 janvier 1983 : doc. n. 40190. Comment ne pas songer aux « inconvénients normaux du voisinage » dont on sait quel fut le succès en jurisprudence ?

51. Nîmes, 2e ch., 13 mai 1982 : doc. n. 220.

52. Paris, 24e ch., 28 octobre 1981 : doc. n. 29594.

ner l'impression que la tendance jurisprudentielle dominante consacre un principe de droit. Pour en souligner la fragilité, il leur suffirait de remarquer combien elle contredit la détermination judiciaire des conséquences du divorce ; la religion y est envisagée sans aucun embarras.

II. *Convictions religieuses et conséquences du divorce*

Lorsque le principe même du divorce est acquis, les juges sont assurément moins mal à l'aise pour tenir compte des convictions religieuses des époux. Par là se vérifie que la laïcité est surtout utilisée pour imposer la loi de l'État laïc aux religions pratiquées par les citoyens ; dès lors que les croyances se heurtent directement les unes les autres et laissent l'autorité publique en position d'observateur extérieur, les solutions les plus audacieuses peuvent être proposées et adoptées. Comme par enchantement, les juges redécouvrent leur aptitude à apprécier *« la force et la sincérité »* des sentiments religieux [53]. Leur raisonnement est, d'ailleurs, le même lorsqu'ils ont à statuer sur l'éducation des enfants ou lorsqu'il leur faut évaluer un préjudice subi par un époux.

A. L'éducation des enfants après divorce des parents

Les convictions peuvent constituer un élément de l'appréciation judiciaire lorsqu'elles influencent directement l'attitude de l'un des époux à l'égard des enfants. En soi, l'appartenance à une religion, voire la pratique régulière et scrupuleuse ou l'adhésion à une association religieuse, ne sauraient s'opposer à l'attribution de la garde au parent dont les convictions religieuses sont ainsi établies [54]. A l'inverse, *« une mère mormone dont la pratique religieuse perturbe ses enfants âgés de 13, 12 et 10 ans, peut voir son droit de visite bi-mensuel réduit à trois fois par an* [55] *»*.

53. Trib. gr. Inst. Boulogne-sur-Mer, 15 avril 1977 : précité. 8 Trib. gr. inst. Boulogne-sur-Mer, 1er avril 1977 : précité.

54. Paris, 24e ch., section A, 10 janvier 1983 : doc. n. 20084.

55. Colmar, 2e ch., 16 octobre 1981 : doc. n. 41445. – Paris, 24e ch., 27 avril 1976 : doc. n. 129. – *Adde* pour une hypothèse de modification de la garde en cas de conflit survenant après la naissance d'un enfant au foyer du père négligeant les fêtes religieuses célébrées aux périodes où l'enfant lui est confié : Paris, 24e ch., 8 décembre 1981 : doc. n. 28453.

Dans de telles espèces, les tribunaux ne dédaignent plus de « s'immiscer » dans les considérations religieuses [56]. Ils procèdent par interdiction, faite à l'un des parents, d'emmener les enfants dans un lieu de culte [57] ou par autorisation, donnée à une mère, de faire baptiser les enfants et de les élever dans la religion catholique [58]. L'intérêt des enfants fait heureusement oublier ce principe de non-ingérence et de prétendue neutralité religieuse si solennellement proclamé par ailleurs. De même, les juges admettent-ils la *« possibilité de prévenir l'enfant du peu d'intérêt pour lui d'intégrer les croyances religieuses de la branche paternelle »* de sa famille [59]. Certaines décisions n'hésitent pas à donner des directives très précises aux époux et à se référer notamment *« aux principes de la religion de la famille [60] »*. Ainsi, la mère qui a pris unilatéralement et sans en informer le père, la décision de retirer l'enfant *« de l'établissement d'enseignement public où il était inscrit pour le mettre dans un établissement privé »* a pu prendre un tel parti *« avec le souci évident de donner à l'enfant une meilleure éducation »*, mais *« a méconnu l'intérêt bien compris de ce dernier dans la mesure où elle risquait de susciter, chez le père mis devant le fait accompli, une opposition fondée sur des motifs religieux [61] »*. Dans de telles hypothèses, la religion retrouve manifestement droit de cité en jurisprudence. Il en est de même lorsqu'il s'agit d'évaluer un préjudice subi du fait du divorce ou des circonstances qui l'entourent.

B. L'appréciation d'un préjudice

Dans certaines espèces particulières, le préjudice causé par le divorce peut être partiellement atténué en sauvegardant les apparences. Une femme professeur dans un établissement religieux a pu être autorisée, pour cette raison, à conserver l'usage du nom de son mari [62]. De manière beaucoup plus générale, le fait que le prononcé du divorce bafoue les convictions religieuses du défendeur peut être pris en considération pour augmenter le montant des dommages et intérêts qui lui sont alloués [63]. Enfin, lorsque, dans une religion en particulier, la

56. Paris, 7e ch., section A, 28 septembre 1983 : doc. n. 30130.
57. Paris, 14e ch., section C, 3 novembre 1983 : doc. n. 30763.
58. Paris, 7e ch., 14 décembre 1978 : doc. n. 777.
59. Paris, 7e ch., section B, 2 juin 1983 : doc. n. 27943.
60. Cass. civ. 2e, 11 mars 1981 : doc. n. 960.
61. Versailles, 1re ch., 10 octobre 1978 : doc. n. 2672.
62. Paris, 24e ch., 14 novembre 1980 : doc. n. 292.
63. Paris, 17e ch., 6 juin 1979 : doc. n. 448.

femme divorcée ne peut se remarier, faute d'obtenir de son mari une lettre de répudiation, le refus du mari peut être considéré comme abusif s'il a participé normalement à la procédure de divorce [64]. Faut-il s'étonner que, cette fois, les juges ne négligent plus le préjudice subi et demander pourquoi ils ne tirent pas argument du fait que la loi civile ne s'oppose pas au remartiage en l'absence même de cette lettre de répudiation [65] ? Ce serait sans doute de l'outrecuidance. Pourtant, certaines juridictions sont allées jusqu'à prononcer la condamnation du mari, sous astreinte, à accomplir la formalité requise par la religion [66].

En définitive, les convictions religieuses ne peuvent être tenues pour négligeables dans le procès en divorce. Il est vrai qu'une certaine conception de la fraternité pourrait aboutir au sacrifice de cette égalité vraie qui impose de prendre en compte le sentiment religieux comme tous les autres ; le souci d'éviter les heurts entre époux, celui de ne jamais refuser le divorce, ne sauraient pourtant tout emporter, ni tout justifier. Le rôle de la doctrine devrait être ici de veiller au maintien d'une appréciation judiciaire empirique, casuistique. Il ne faut pas laisser s'installer dans les esprits l'idée que les convictions religieuses sont étrangères au droit du divorce, notamment dans l'application de l'article 240 du Code civil ; il ne faudrait pas davantage admettre que les convictions du mari fussent systématiquement méconnues. Sur tous ces points, la jurisprudence n'est pas fixée. Surtout, la généralisation est extrêmement déformante puisque chaque décision doit se justifier par des considérations de fait propres à l'espèce jugée. Il faut absolument éviter de transformer la description d'une tendance statistique en un principe de droit beaucoup plus rigide ; ce qui se décide dans certains cas ne doit pas devenir norme de décision créée, comme il advient souvent, par les exigences de la présentation didactique [67]. Il serait dommage de pousser la jurisprudence à se figer sur une erreur qui est aussi une injustice. C'est pourquoi, il importe de lutter contre tout dogmatisme étriqué qui parviendrait à interdire progressivement aux juges de faire place aux sentiments religieux dans leur décision sur la rupture du lien conjugal.

64. Cass. civ. 2e ch., 21 avril 1982 : doc. n. 1003. – *Rev. tr. dr. civ.* 1984, p. 114, n. 1, observ. G. Durry. – Cass. civ. 2e ch., 13 décembre 1972 : *Bull. civ.* II? N. 320, p. 264.

65. Voir *supra* à propos de la clause de dureté de et Paris, 7e ch., section A, 28 septembre 1983 : doc. n. 30130.

66. Paris, 1re ch. suppl., 16 janvier 1981 : doc. n. 25279 ; décision cassée par Cass. civ. 2e, 21 avril 1982 : doc. n. 1003.

67. Cf. C. Atias, *Epistémologie juridique,* Paris, P.U.F., coll. droit fondamental dirigée par S. Rials, 1985, n. 48

ANNEXE

Décision et référence du document	Cas de divorce	Époux demandeur au divorce ou à l'action	Époux dont les convictions sont en cause — autres considérations	Âge		Religion en cause	Durée du mariage	Religion constante ou conversion ?	Conséquences possibles des convictions
				du mari	de la femme				
1 Colmar, 1re Ch., 8 juin 1983 : doc. n° 41595, prononcé du divorce aux torts exclusifs du mari.	art. 242	mari	femme (faute prétendue : excès religieux, désintérêt pour son ménage)	35	33	n.i.	n.i.	aucune allusion	torts partagés.
2 Nîmes, 2e Ch., 23 février 1983 : doc. n° 106, prononcé du divorce.	art. 237	mari	femme (santé)	62	63	n.i.	n.i.	allusion au renforcement des convictions	fin de non-recevoir, art. 240.
3 Rennes, 6e Ch., 6 janvier 1983 : Doc. n° 40190, refus de prononcer le divorce.	art. 237	mari	femme (santé)	63	64	n.i.	9 ans	aucune allusion	fin de non-recevoir, art. 240.
4 Douai, 7e Ch., 25 février 1983 : Doc. n° 40536, refus de prononcer le divorce.	art. 237	mari	femme (santé)		55	n.i.	38 ans	aucune allusion	fin de non-recevoir, art. 240.
5 Douai, 7e Ch., 4 février 1983 : Doc. n° 40533, prononcé du divorce.	art. 237	mari	femme (santé) cas particulier : attachement au mariage sans se fonder sur des convictions morales ou religieuses.	50	50	n.i.	26 ans	aucune allusion	fin de non-recevoir, art. 240.

6 Paris, 7e Ch. A, 28 septembre 1983 : Doc. n° 30130, prononcé du divorce et conséquences.	art. 242, faute = refus de la femme de participer à une cérémonie religieuse et refus du mari d'accomplir les formalités de répudiation religieuse	mari	mari et femme	35	33	juive	6 ans	aucune allusion	prononcé du divorce pour faute de la femme + responsabilité civile du mari.
7 Paris, 14e Ch. C, 3 novembre 1983 : Doc. n° 30763, refus de modifier les modalités de garde des enfants.	art. 230, conversion de la femme après divorce	mari demandant la modification de la convention de divorce	femme	n.i.	n.i.	secte du centre vedantique Rama Krishna	n.i.	conversion postérieure au divorce	garde des enfants.
8 Paris, 24e Ch. A, 25 octobre 1983 : Doc. n° 30752, prononcé du divorce.	art. 242, faute = obstacle mis à la participation de la femme à une cérémonie religieuse	femme	femme (+ autres fautes du mari)	n.i.	n.i.	n.i.	n.i.	aucune allusion	prononcé du divorce.
9 Paris, 7e Ch. B, 2 juin 1983 : Doc. n° 27943, droit d'hébergement du père.	art. 242, faute	femme	mari (+ son père)	38	35	« secte religieuse » non précisée	n.i.	aucune allusion	réduction du droit d'hébergement paternel (non).
10 Paris, 24e Ch. A, 10 mai 1983 : Doc. n° 25448, prononcé du divorce.	art. 237	mari	femme	57	58	catholique	25 ans	aucune allusion	fin de non-recevoir.
11 Paris, 24e Ch. A, 10 janvier 1983 : Doc. n° 20084, droit d'hébergement du père.	art. 242	femme	mari	50	46	n.i.	24 ans	aucune allusion	réduction du droit d'hébergement du mari (non).
12 Cass. civ. 2e 14 avril 1983 :									

Décision et référence du document	Cas de divorce	Époux demandeur au divorce ou à l'action	convictions sont en cause — autres considérations	du mari	de la femme	Religion en cause	Durée du mariage	Religion constante ou conversion ?	Conséquences possibles des convictions
13 Nîmes, 2e Ch., 13 mai 1982 : Doc. n° 220, prononcé du divorce.	art. 237	mari	femme	51	62	n.i.	n.i.	aucune allusion	fin de non-recevoir.
14 Rennes, 6e Ch., 10 mai 1982 : Doc. n° 41581, prononcé du divorce	art. 237	mari	femme	54	52	n.i.	n.i.	aucune allusion	fin de non-recevoir.
15 Angers, 2e Ch., 1er février 1982 : Doc. n° 41146, prononcé du divorce.	art. 237, séparation durant 40 ans	mari	femme	73	77	n.i.	plus de 50 ans	aucune allusion	fin de non-recevoir.
16 Paris, 24e Ch., 30 juin 1982 : Doc. n° 29287, prononcé du divorce.	art. 237, séparation durant 23 ans	mari	femme	71	72	catholique	48 ans	aucune allusion	fin de non-recevoir.
17 Cass. civ. 2e, 21 avril 1982 : Doc. n° 1003, Dommages-intérêts à la femme.	n.i. refus du mari de délivrer une lettre de répudiation exigée par la religion des 2 époux pour permettre le remariage religieux de la femme (V. infra n. 23)	n.i.	mari et femme	n.i.	n.i.	juive	n.i.	aucune allusion	dommages-intérêts.

18 Paris, 25ᵉ Ch., 1ᵉʳ juin 1979 : J.C.P. 81, II, 19565, obs. R. Lindon, Doc. n° 430, prononcé du divorce.	art. 237	mari	femme	n.i.	n.i.	n.i.	n.i.	aucune allusion	fin de non-recevoir.
19 Montpellier, 1ʳᵉ Ch., 1ᵉʳ décembre 1981 : Doc. n° 1246, prononcé du divorce.	art. 237	mari	femme	n.i.	70	n.i.	n.i.	aucune allusion	fin de non-recevoir.
20 Colmar, 2ᵉ Ch., 16 octobre 1981 : Doc. n° 41445, modification du droit de visite de la mère.	n.i.	mari	femme	n.i.	n.i.	mormone	n.i.	aucune allusion	réduction du droit de visite.
21 Rennes, 6ᵉ Ch., 13 avril 1981 : Doc. n° 40347, répartition des torts.	art. 242, adultère et violence du mari	femme	femme	n.i.	n.i.	secte religieuse non précisée	n.i.	aucune allusion précises	demande reconventionnelle du mari repoussée.
22 Paris, 24ᵉ Ch., 28 octobre 1981 : Doc. n° 29594, prononcé.	art. 237 séparation durant 10 ans	mari	femme	56	59	n.i.	20 ans	aucune allusion	fin de non-recevoir.
23 Paris, 1ʳᵉ Ch. suppl., 16 janvier 1981 : Doc. n° 25279, D.I. à la femme et condamnation du mari sous astreinte.	voir supra n° 17 (arrêt cassant celui-ci)	n.i.	mari et femme	n.i.	n.i.	juive	n.i.	aucune allusion	D.I.
24 Paris, 7ᵉ Ch., 26 mai 1981 : Doc. n° 28496, prononcé du divorce.	art. 237	mari	femme	n.i.	67	n.i.	33 ans	aucune allusion	fin de non-recevoir.
25 Paris, 24ᵉ Ch., 8 décembre 1981 : Doc. n° 28453, modification du droit d'hébergement du père.	art. 230		femme	n.i.	n.i.	n.i.	n.i.	aucune allusion précise	modification du droit d'hébergement du père.
26 Paris, 24ᵉ Ch., 10 mars									fin de

Décision et référence du document	Cas de divorce	Époux demandeur au divorce ou à l'action	Époux dont les convictions sont en cause — autres considérations	du mari	de la femme	Religion en cause	Durée du mariage	Religion constante ou conversion ?	Conséquences possibles des convictions
27 Paris, 7e Ch., 25 septembre 1978 : Doc. n° 577, prononcé du divorce.	art. 237	mari	femme	n.i.	n.i.	n.i.	n.i.	aucune allusion	fin de non-recevoir.
28 Paris, 1re Ch., 24 octobre 1978 : Doc. n° 1030.	art. 237	mari	femme	n.i.	n.i.	n.i.	n.i.	aucune allusion	fin de non-recevoir.
29 Versailles, 10 octobre 1978 : Doc. n° 2672, Gaz. Pal. 79, 1, somm. 265, exercice de la garde.		mari	femme	n.i.	n.i.	n.i.	n.i.	aucune allusion	inscription de l'enfant dans un établissement confessionnel ou non.
30 Trib. gr. inst. Boulogne /mer, 15 avril 1977 : Gaz. Pal. 77, 2, 410, note B. Brazier, prononcé du divorce.	art. 237	mari	femme	64	65	n.i.	41 ans	aucune allusion	fin de non-recevoir.
31 Trib. gr. inst. Boulogne /mer, 1er avril 1977 : J.C.P. 78, II. 18807, prononcé du divorce.	art. 237, séparation durant 10 ans	mari	femme	60	55	n.i.	36 ans	aucune allusion	fin de non-recevoir.
32 Paris, 24e Ch., 10 mai 1977 : Doc. n° 178, prononcé du divorce.	art. 242, faute = pratique religieuse excessive	mari	femme	41	38	n.i.	n.i.	aucune allusion	faute cause de divorce.
33 Paris, 24e Ch., 27 avril 1976 : Doc. n° 129, garde des enfants.		n.i.	n.i.	n.i.	n.i.	Témoin de Jéhova	n.i.	aucune allusion	garde non modifiée.

34 Paris 6e Ch., 10 juin 1976 : Doc. n° 322, non-prononcé du divorce.	art. 242	n.i.	n.i.	n.i.	n.i.	n.i.	31 ans	aucune allusion	faute cause de divorce.
35 Cass. civ. 2e, 19 juin 1975 : Gaz. Pal. 75, 2, 721, note Barbier.	art. 242	femme	mari	n.i.	n.i.	secte religieuse non précisée	n.i.	conversion après 10 ans	faute cause de divorce.
36 Cass. civ. 2e, 13 décembre 1972 : Bull. civ. n° 320, p. 264, dommages-intérêts à la femme (astreinte).	n.i. (même cas que les nos 17 et 23)	n.i.	mari et femme (?)	n.i.	n.i.	juive	n.i.	n.i.	dommages-intérêts.
37 Paris, 24e Ch., 14 décembre 1979 : Doc. n° 391. prononcé du divorce.	art. 242	mari	femme	42	48	témoin de Jéhova	20 ans	aucune allusion	faute cause de divorce.
38 Paris, 17e Ch., 6 juin 1979 : Doc. n° 448, préjudice.		mari	femme	60	54	n.i.	n.i.	aucune allusion	évaluation du préjudice subi.
39 Paris, 17e Ch., 9 mars 1979 : Doc. n° 210, prononcé du divorce.	art. 237	mari	femme	n.i.	n.i.	n.i.	n.i.	aucune allusion	fin de non-recevoir.
40 Paris, 1re Ch., 22 juin 1979 : Doc. n° 751. prononcé du divorce.	art. 237	mari	femme	80	80	n.i.	30 ans	aucune allusion	fin de non-recevoir.
41 Cass. civ. 2e, 16 juillet 1979 : Bull. civ. II, n° 218, p. 150, prononcé du divorce.	art. 237	mari	femme	n.i.	n.i.	n.i.	n.i.	aucune allusion	fin de non-recevoir.

Décision et référence du document	Cas de divorce	Époux demandeur au divorce ou à l'action	convictions sont en cause — autres considérations			Religion en cause	Durée du mariage	Religion constante ou conversion ?	Conséquences possibles des convictions
				du mari	de la femme				
43 Paris, 24e Ch., 16 mars 1978 : J.C.P. 78, II, 18964, obs. R. Lindon, non prononcé.	art. 237, séparation 8 ans	mari	mari et femme	63	63	juive	n.i.	aucune allusion	refus de prononcer le divorce.
44 Paris, 23e Ch., 28 février 1978 : Doc. n° 132, prononcé du divorce.	art. 242, faute = pratiques religieuses excessives (non)	mari	femme	n.i.	n.i.	n.i.	n.i.	aucune allusion	refus de prononcer le divorce.
45 Paris, 7e Ch., 14 décembre 1978 : Doc. n° 777, modalités d'éducation des enfants.	art. 242	mari	femme	n.i.	n.i.	catholique	n.i.	aucune allusion	autorisation donnée à la mère de baptiser les enfants et les élever dans la religion.
46 Cass. civ. 2e 11 mars 1981 : Doc. n° 960, prononcé du divorce.	art. 242, faute = pratique religieuse excessive	mari	femme	n.i.	n.i.	« secte » non précisée	n.i.	aucune allusion	faute cause de divorce.
47 Paris, 24e Ch., 14 novembre 1980 : Doc. n° 292, usage du nom pour la femme professeur dans un établissement religieux.	art. 242, faute = violence du mari	femme	femme (?)	n.i.	n.i.	n.i.	n.i.	aucune allusion	autorisation donnée à la femme de continuer à utiliser le nom du mari.
48 Paris, 7e Ch., 17 décembre 1980 : Doc. n° 819, prononcé du divorce.	art. 237	mari	femme	56	61	n.i.	21 ans	aucune allusion (divorce précédent)	fin de non-recevoir.

49 Paris, 7e Ch., 29 octobre 1980 : Doc. n° 680, prononcé du divorce.	art. 237, séparation durant 33 ans	mari	femme	80	77	n.i.	n.i.	aucune allusion	fin de non-recevoir.
50 Paris, 7e Ch., 25 juin 1980 : Doc. n° 461, prononcé du divorce.	art. 237, séparation durant 10 ans	mari	femme	68	67	n.i.	41 ans	aucune allusion	fin de non-recevoir.
51 Paris, 7e Ch., 19 mai 1980 : Doc. n° 341, prononcé du divorce.	art. 237, séparation durant 26 ans	mari	femme	n.i.	56	n.i.	35 ans	aucune allusion	fin de non-recevoir.
52 Paris, 1re Ch., 28 novembre 1980 : Doc. n° 1146, mesures provisoires.	n.i.	n.i.	femme	n.i.	n.i.	n.i.	n.i.	aucune allusion	refus d'interdire à la mère d'élever des enfants *en bas âge* dans la religion.
53 Cass. civ. 2e 15 octobre 1980 : Doc. n° 130, J.C.P. 81, II, 19658, Bull. civ. II, n° 209, p. 142, prononcé du divorce.	art. 237	mari	femme	n.i.	n.i.	n.i.	n.i.	aucune allusion	fin de non-recevoir.
54 Trib. gr. inst. Perpignan, 1re Ch., 2e sect., 29 février 1984 (1) non-prononcé du divorce.	art. 237, séparation depuis 8 ans	mari	femme	n.i.	n.i.	catholique	34 ans	éducation des deux époux dans la religion catholique	fin de non-recevoir (art. 240).

(1) Décision à paraître in *D.S.* 1985, avec une note A. Sériaux que nous remercions de nous avoir communiqué le texte de ce jugement.

N.B. : n.i. = non indiqué(e) dans la fiche Juris-data.

Sur 54 décisions analysées, il ressort du tableau que :

— 46 portent sur le prononcé même du divorce ;

— parmi celles-ci, 5 ont eu pour origine une demande de la femme ;

— la clause de dureté a été invoquée avec succès dans 4 espèces : dans deux hypothèses, les convictions religieuses ont été retenues seules ; dans les deux autres, la considération de la santé du défendeur a été déterminante ;

— dans 8 espèces (dont 5 sur le prononcé), les convictions religieuses du mari

— dans 34 espèces, la religion en cause ou les religions en cause ne sont pas indiquées. Il est permis de penser que la religion catholique est le plus souvent invoquée au titre de la clause de dureté de l'article 240 du Code civil notamment.

Dans 4 hypothèses, la religion indiquée est la religion catholique.
Dans 5 hypothèses, la religion indiquée est la religion juive.
Dans 1 hypothèse, la religion indiquée est la religion mormone.
Dans 7 espèces, des sectes diverses sont en cause. La question posée porte alors sur le caractère fautif d'une pratique religieuse présentée comme excessive ou sur

SOLIDAIRES DANS LA JUSTICE, DANS L'AMOUR, DANS LA PAIX

Homélie du cardinal Opilio Rossi

à la grand-messe pontificale de la solennité du Christ-Roi

célébrée en la basilique du Sacré-Cœur de Montmartre dimanche 20 novembre 1983

Chers frères et sœurs dans le Christ,

Aujourd'hui, dernier dimanche de l'année liturgique, nous célébrons la solennité de Notre-Seigneur Jésus-Christ, Roi de l'univers. Nous le faisons en partageant la joie profonde et humble de l'Église. Nous le faisons en reconnaissant dans le Christ le Pasteur du peuple de Dieu – l'Église – mais aussi le Seigneur souverain de toutes les choses que le Père lui a confiées. Indubitablement, sa royauté est d'origine divine ; néanmoins, dans ce monde, il a vécu un mystère déconcertant : le mystère de la croix, comme l'indique saint Luc (cf. 23, 35-43). *« Celui-ci est le roi des Juifs »* : c'est là l'inscription qui figure sur sa croix. Mais, à la vérité, Jésus n'est pas le Roi de ce monde, car son Règne est beaucoup plus vaste, il comprend une dimension salvifique et cosmique. En tout il est resté fidèle au Père et le Père lui a tout donné, en particulier il nous a donné à Lui.

Mais comment se fait-il que, au cours de l'histoire, certains ont reconnu le règne de Dieu et d'autres non ? Pourquoi un peuple accueille-t-il le Fils de Dieu comme le Seigneur de l'Univers et un autre le rejette-t-il ? Que sont donc le bien et le mal, la liberté et la souffrance, la vie et la mort, le bonheur ? Et la croix, qu'est-elle ?

Ces interrogations, que l'homme se pose continuellement, revêtent une acuité particulière pour nos contemporains, face aux développements scientifiques et techniques (cf. GS, 10). Elles expriment le fait que l'homme tend vers un au-delà, vers quelque chose qui dépasse l'apparence et le provisoire et, par conséquent, elles sont non seulement existentielles mais aussi universelles.

La liturgie d'aujourd'hui nous rappelle cet au-delà : *« Dieu éternel... fais que toute la création, libérée de la servitude, reconnaisse ta puissance et te glorifie sans fin. »* Elle nous met devant le mystère de l'amour de Dieu et de la liberté de l'homme, en d'autres termes, devant le monde de Dieu et le monde de l'homme. Le règne du Christ *« n'est pas de ce monde »* (Jn 18, 36). Toutefois, comme l'a rappelé

Jean Paul II, le 25 novembre 1979, ce Royaume, *« grâce auquel s'ouvrent devant l'homme des perspectives supra-terrestres, les perspectives de l'éternité, se forme dans le monde, dans le temporel. Il se forme donc dans l'homme même moyennant "le témoignage de la vérité"* (Jn 18, 37) » (« Aux laïcs de Rome », *L'Osservatore Romano,* éd. française, 11 décembre 1979, p. 7).

1. Mes frères, vos activités de juristes catholiques de cette chère France me convient à m'arrêter quelques instants sur la portée du mystère que nous célébrons aujourd'hui, car le témoignage que rend le Christ en tant que Messie appelle notre propre témoignage. Unis à lui, nous avons, avec lui, à porter au monde et à promouvoir la *justice,* l'*amour* et la *paix,* comme nous le propose l'Évangile. En saint Matthieu, Jésus ne considère-t-il pas *« la justice, la miséricorde et la fidélité »* comme *« les points les plus graves de la Loi »* (23, 23) ?

L'histoire d'Israël nous donne plusieurs exemples de fidélité. Ainsi David s'est conformé à la Parole de Dieu, face au peuple qui l'acclamait : *« Vois ! lui dirent-ils. Nous sommes de tes os et de ta chair. Autrefois déjà, quand Saül régnait sur nous, c'était toi qui dirigeais tous les mouvements d'Israël, et Yahvé t'a dit : c'est toi qui deviendras chef d'Israël »* (2 S 5, 1-2). Et David devint roi. Son règne est le symbole de la réponse positive à l'appel du Seigneur. Mais l'homme n'a pas toujours agi ainsi. Il a souvent été infidèle, il est resté sourd aux leçons des événements, il a refusé l'amour de Dieu. Face à ce comportement de l'homme, qu'a fait Dieu, le Père ? Il nous *« a mis en mesure de partager le sort des saints dans la lumière. Il nous a... arrachés à l'empire des ténèbres et nous a transférés dans le Royaume de son Fils bien-aimé, en qui nous avons la rédemption, la rémission des péchés »* (Col 1, 12-13).

Saint Paul, alors, après cette affirmation, entonne un hymne enthousiaste à la primauté absolue du Christ sur toutes les choses du ciel et de la terre. Il loue le Christ qui a réconcilié l'homme, qui lui offre le pardon, qui l'unit Lui pour continuer sa mission salvifique, notamment en devéloppant les trois vertus de justice, d'amour et de paix.

2. Ceux qui pratiquent ces vertus se soumettent totalement, comme le Christ, à la volonté du Père ; ils intériorisent la loi, la vraie loi de l'Évangile inscrite dans le cœur. A ce sujet, les paroles de Jésus sont extrêmement limpides : *« C'est un exemple que je vous ai donné, pour que vous fassiez, vous aussi, comme moi j'ai fait pour vous... Je vous donne un commandement nouveau : vous aimer les uns les autres comme je vous ai aimés »* (Jn 13, 15, 34).

Participer de la royauté du Christ signifie accueillir intégralement ce message et imiter parfaitement cet exemple, donner place dans sa propre vie à la volonté de Dieu et orienter l'histoire humaine d'après le critère de la foi. *« Selon nos possibilités, nous sommes appelés à imiter l'attitude (de Jésus) devant les insultes, son respect pour notre liberté... et sa patience sans limites. Ces qualités doivent caractériser le comportement chrétien, même au niveau le plus humble, même si la moitié de nos efforts s'épuisent dans les tentatives que nous faisons pour dominer notre orgueil naturel, notre ressentiment et notre impatience »* (DODD C.H., *Evangelo e Legge* (Evangile et loi), Paideia, Brescia, 1981, p. 94).

Il s'agit là de la mentalité nouvelle – la metanoia – que recommande et enseigne l'Évangile, dont l'esprit est justement l'esprit de justice, d'amour et de paix. L'Esprit du Seigneur, Roi de l'univers et Pasteur des peuples, est un esprit de service : *« Le Fils de l'homme n'est pas venu pour être servi, mais pour servir et donner sa vie en rançon pour une multitude »* (Mt 20, 28).

3. Par conséquent, si nous voulons régner avec Jésus, comme Lui, nous devons vivre au service de nos frères. Les premiers chrétiens ont fortement ressenti cette exigence de la foi agissante ; et dès l'origine, l'Église a donné une grande importance à la prédication (Kérygme) et à l'enseignement moral (Didachè) (cf. DODD C.H., *op. cit.*, p. 17). Elle a aidé, et aide toujours, l'homme à résoudre les interrogations existentielles et universelles qu'il se pose et dont nous avons déjà parlé. Elle a aidé et aide toujours l'homme à se tourner vers le Christ, car la solution à toutes les interrogations sur la liberté, sur le péché, sur la vie et la mort, sur le bonheur et la souffrance, c'est la croix du Christ, la Parole ultime et définitive qui seule permet de comprendre l'homme et l'histoire. Et conséquemment, la réponse à ces interrogations, qui jaillit de la croix, aide progressivement à mieux comprendre la royauté du Christ. La conversion et la clairvoyance du bon larron, près de Jésus mourant sur la croix, deviennent un symbole de portée universelle et donnent la clé de l'itinéraire et de la destinée ultime de l'homme : *« Jésus, souviens-toi de moi, quand tu viendras dans ton royaume »*. Et nous connaissons la réponse de Jésus : *« En vérité, je te le dis, dès aujourd'hui tu seras avec moi dans le Paradis »*(Lc 23, 42-43).

Cette perspective est belle, consolante, lumineuse, elle soutient la vision eschatologique du chrétien et, en particulier, celle du juriste catholique, homme responsable, cultivé et « expert en humanité » comme l'est d'ailleurs l'Église entière en ce tournant historique, en cette époque allant de Paul VI à Jean Paul II. Les temps sont difficiles, il ne faut pas nous faire d'illusions. Le pape Jean Paul II lui-même en a une conscience aiguë, comme le prouve la description qu'il en a faite dans son allocution aux paroissiens d'Ostie le 20 avril 1980 : *« Au long des siècles, se sont transformés les sanhédrins qui demandent le silence, l'abandon ou la déformation de cette vérité (la vérité qui vient de Dieu et qui est vérité sur l'homme). Les sanhédrins du monde contemporain sont tout à fait différents. Ces sanhédrins, ce sont les hommes qui refusent la vérité divine ; ce sont les systèmes de la pensée humaine, de la connaissance humaine ; ce sont les diverses conceptions du monde et aussi les différents programmes du comportement humain... ce sont enfin quelques systèmes modernes de gouvernement..., et devant toutes ces formes modernes du sanhédrin de cette époque, la réponse de la foi reste toujours la même : "Il faut obéir à Dieu plutôt qu'aux hommes "...* (Ac 5, 29) *(L'Osservatore Romano,* éd. française, 29 avril 1980, p. 4).

Cette perspective est belle, consolante, lumineuse, elle soutient la vision eschatologique du chrétien et, en particulier, celle du juriste catholique, homme responsable, cultivé et « expert en humanité » comme l'est d'ailleurs l'Église entière en ce tournant historique, en cette époque allant de Paul VI et Jean Paul II. Les temps sont difficiles, il ne faut pas nous faire d'illusions. Le pape Jean Paul II lui-même en a une conscience aiguë, comme le prouve la description qu'il en a fait dans son allocution aux paroissiens d'Ostie le 20 avril 1980 : « Au long des siècles, se sont transformés les sanhédrins qui demandent le silence, l'abandon ou la déformation de cette vérité (la vérité qui vient de Dieu et qui est vérité sur l'homme). Les sanhédrins du monde contemporains sont tout à fait différents. Ces sanhédrins, ce sont les hommes qui refusent la vérité divine ; ce sont les systèmes de la pensée humaine, de la connaissance humaine ; ce sont les diverses conceptions du monde et aussi les différents programmes du comportement humain... ce sont enfin quelques modernes systèmes de gouvernement..., et devant toutes ces formes modernes du sanhédrin de cette époque, la réponse de la foi reste toujours la même Il faut obéir à Dieu plutôt qu'aux hommes...(Ac 5, 29) (*L'Osservatore Romano,* éd. française, 29 avril 1980, p. 4) .

Nous devons reconnaître que souvent cela nous coûte ; il nous coûte en effet de rester fidèles au Christ, de pratiquer les vertus de justice, de charité et de paix qui sont des vertus évangéliques essentielles. Le Christ, sans aucun doute, nous soutient sur cette voie. Quant à nous, nous avons à répondre à ses appels répétés, à sa proposition de salut. Nous avons à y répondre en ce moment même où l'Eucharistie fait de nous un seul cœur, une seule âme pour le bien de l'Église et où le Christ, à travers l'apôtre Paul, nous exhorte *« à faire encore des progrès en mettant (notre) honneur à vivre calmes, à (nous) occuper chacun de (nos) affaires, à travailler de (nos) mains... Ainsi (nous) mèner(ons) une vie honorable au regard de ceux du dehors »* (1 Th 4, 11-12).

Notre société éclatée a besoin d'hommes et de femmes experts en humanité ; elle a besoin des juristes catholiques pour révéler au monde et défendre la dignité de la personne humaine.

Puisse l'Eucharistie nous conduire à un engagement social généreux et authentiquement chrétien, puisse-t-elle raviver en nous la conscience de nos droits et de nos devoirs, transformer notre vie en un véritable don de nous-mêmes à nos frères ! En cela, nous serons aidés par l'amour généreux et opérant de Marie, Mère de Dieu et Reine des apôtres, douce et convaincante inspiratrice de la concorde et de la paix. Amen.

LISTE DES PARTICIPANTS ET PERSONNALITÉS INVITÉES

Son Éminence Monsieur le cardinal Opilio ROSSI, président du Conseil pontifical pour les laïcs, président du Colloque national.

Monsieur Alain POHER, président du Sénat.

Son Excellence Monseigneur Angelo FELICI, nonce apostolique en France.

Monsieur Jean FOYER, ancien Garde des Sceaux, ministre de la Justice, député du Maine-et-Loire, professeur à l'Université de Droit et des Sciences sociales de Paris.

Monsieur Louis DAUGE, ambassadeur de France

Monsieur le sénateur Michel GIRAUD, président du Conseil régional d'Ile-de-France, président de l'Association des maires de France, maire du Perreux.

Monsieur Georges GALICHON, ancien ambassadeur de France près le Saint-Siège, Conseiller d'État.

Maître Bernard de BIGAULT du GRANRUT, bâtonnier de l'Ordre des avocats au Barreau de Paris.

Maître Jacques DOHET, avocat à la Cour de Paris, conseiller régional d'Ile-de-France.

Monseigneur Maxime CHARLES, recteur de la basilique du Sacré-Cœur de Montmartre.

□

Monsieur le procureur Roger LOVEY, président de l'Association des Juristes catholiques de Suisse.

Maître Enrique MORAD, avocat à Buenos-Aires, délégué de la Corporation des Juristes catholiques d'Argentine.

Monsieur le professeur Gabriel GARCIA CANTERO, de l'Université de Saragosse, délégué de la Confédération des Juristes catholiques d'Espagne.

□

LISTE DES CONGRESSISTES

Adriasse Isabelle, *étudiante,* Paris.
Adrian Noël, *étudiant,* Marseille.
Airiau Jean, *secrétaire général d'organisation professionnelle,* Paris.
André-Vincent Philippe, *dominicain-conseiller spirituel de la Confédération,* Aix.
Antoine Gabrielle, *journaliste,* Paris.
Arbaud Louise, *conseil juridique,* Savigny.
Arthaut Laurent, *fonctionnaire,* Paris.
Arthaut Jacqueline, *fonctionnaire,* Paris.
Aubin-Dormion Marguerite, *avocat,* Paris.
Audebert Bénédicte, *étudiante,* Paris.

Barbier Pierre, *magistrat,* Paris.
Barbieri Jean-Jacques, *assistant à l'Université,* Toulouse.
Bardoul Guy, *notaire,* Nantes.
Bardoul Philippe, *Etudiant en Droit - vice-président de la Confédération,* Nantes.
Bardoul Hervé, *juriste d'entreprise,* Nantes.
Bédry Bernadette, *enseignante,* Toulouse.
Bélin de Chantemèle Bruno, *avocat-président AJC, Rhône-Alpes,* Lyon.
Bergia Valérie, *étudiante,* Paris.
Béringer Hugues, *attaché juridique,* Paris.
De Bernis, juriste au Port Autonome, Paris.
Bertrand J. Philippe, *avocat,* Thionville.
De Bezenac Alain, *avocat,* Rouen.
Blanchard-Sauton Christiane, *avocat à la Cour,* Paris.
Blancher René, *avocat à la Cour et professeur,* Paris.
Bongert Yvonne, *professeur,* Paris.
Boudry Nathalie, *étudiante,* Paris.
Bourdarias Jean, *journaliste au Figaro,* Paris.
Boutry Christian, *chargé de cours,* Paris.
Bouyer Claire, *étudiante,* Nantes.
Brianceau Louis, *directeur-adjoint U.C.B,* Paris.
Bret Dominique, *avocat,* Grenoble.
Briard François, *avocat,* Paris.
Brousse Isabelle, *étudiante,* Paris.
Broutoux Alexis, *fonctionnaire,* Rueil.
Bufet Béatrice, *juriste d'entreprise,* Calais.
Burle Nicolas, *étudiant,* Aix.
Buzenval Amédée, *fonctionnaire,* Pau.

Cabas Claire, *étudiante,* Nîmes.
Caburoni Annie, *juriste,* Marseille.
Cadro Nathalie, *étudiante,* Paris.
Camus Brigitte, *avocat,* Lyon.
Calatayaud Roger-Vincent, *avocat,* Tarbes.

Calle Bernard, *chanoine de N.D.*, Paris.
Cartier Nathalie, *étudiante*, Paris.
Chabaud Christiane, *professeur*, Chatenay-Malabry.
Chafoux Jean-Pierre, *étudiant*, Paris.
Chambelland Pierre, *juriste d'entreprise*, Bry-sur-Marne.
Chanson Jacques, *avocat*, Paris.
Chavanne Albert, *professeur, vice-président AJC, Rhône-Alpes*, Lyon.

Du Cheyron Adhémar, *maître de conférences*, Bordeaux.
De Chomereau Tristan, *prêtre*, Paris.
Claudon Jean-Pierre, *avocat*, Paris.
Clavel Eugène, *magistrat*, Toulouse.
Cojan Odile, *étudiante*, Paris.
Costantini Maryvonne, *juriste d'entreprise*, Saint-Cloud.
Costantini Jean, *juriste d'entreprise*, Saint-Cloud.
Coste Roger, *doyen honoraire de la Fac. libre*, Chevilly-Larue.
Courmontagne Dominique, *avocat*, Rouen.
Courteaud Paul, *magistrat honoraire*, Bourg-la-Reine.
Du Crest Dominique, *étudiant*, Paris.
Dardare Isabelle, *étudiante*, Paris.
Daviot Marie-Françoise, *étudiante*, Saint-Cyr-en-Val.
Delanne André, *magistrat*, Paris.
Delmas Louis, *magistrat*, Évry.
Delvolvé Pierre, *professeur*, Paris.
Denecker Jean, *conseil juridique retraité*, Courbevoie.
Desprès René, *avoué honoraire*, Paris.
Dessloch Hubertus, *conseil au Ministère des aff. féd.*, Bonn.
Deswarte Marie-Pauline, *maître de conférences*, Paris.
Doré Isabelle, *étudiante*, Paris.
Drago Roland, *professeur*, Paris.
Dragon Guy, *avocat - président AJC du Nord*, Douai.
Dragon Raoul, *conseiller honoraire à la C. de Cass.*, Aix.
Ducros Louis, *avocat*, Poitiers.
Ducros Claire, *étudiante*, Poitiers.
Dugrand Marie-Claude, *clerc de notaire*, Romorantin.
Dufoux Françoise, *étudiante*, Montreuil.
Dundy John, *étudiant*, Paris.
Duriban Louis, *juriste*, Rochefort.
Durieux Jean, *conseiller Cour d'Appel*, Orléans.

Emptoz Jacques, *juriste d'entreprise*, Versailles.

Fabre Jean-Michel, *séminariste-étudiant en Droit canon*, Toulouse.
Farcy Sylvie, *étudiante*, Paris.
Filloux Cécile, *étudiante*, Paris.
Florand Jean-Marc, *assistant droit privé*, Montreuil.
Flye Sainte-Marie Anne, *étudiante*, Paris.
Flour Yvonne, *professeur*, Rouen.
De Forges Jean-Michel, *professeur*, Paris.
Forget Anne, *étudiante*, Paris.
Foyer Jean, *ancien ministre, professeur*, Paris.
Frémiot Gérard, *fonctionnaire*, Paris.
Furet Marie-Françoise, *professeur*, Montpellier.
Furet Bénédicte, *étudiante*, Montpellier.

Galichon Georges, *conseiller d'État, Anc. ambassadeur près le Saint-Siège*, Paris.
Garapin Cyriaque, *étudiant*, Nantes.

Ganivet Catherine, *étudiante,* Paris.
Gaschignard David, *étudiant,* Nantes.
Gaschignard Guillaume, *clerc de notaire, secrétaire général AJC Nantes,* Nantes.
De Gaudin de Lagrange Emerentienne, *professeur,* Mende.
Gautier Paul, *notaire,* Nantes.
Gleizes Henri, *magistrat-trésorier Fed. J.C. Ile-de-France,* Paris.
Giraud Georges, *avocat-président Groupe Cath. Palais,* Paris.
Giraud Claude,
Gonthier Catherine, *étudiante,* Paris.
Goulmy Benoît, *étudiant,* Paris.
Gridel Jean-Pierre, *professeur de droit,* Angers.
Gridel Mme,
Gross Jean-François, *avocat - délégué J.C. de Suisse,* Suisse.
Guelfi Lucrèce, *inspecteur général du travail et des lois sociales,* Paris.
Guibal Maurice, *avocat honoraire et professeur,* Paris.
Guiho Pierre, *professeur,* Lyon.

Harouel Jean-Louis, *professeur,* Poitiers.
Hau-Palé Jean, *notaire,* Bordeaux.
Héliot Paul, *magistrat retraité,* Douai.
Hie Laurence, *étudiante,* Paris.
Horent Anne-Christine, *étudiante,* Paris.
Horent Marie, *enseignante,* Paris.
Hunault Paul, *directeur honoraire école de notariat,* Nantes.

Irénée Sophie, *étudiante,* Paris.
Iritaz Hubert, *juriste,* Chambéry.
Istival Richard, *enseignant,* Bourg.

Jaboin Paul, *avocat honoraire,* Luçon.
Janvier Ludovic, *étudiant,* Néris.
Jatier Bernard, *avocat,* Paris.
Joly Isabelle, *étudiante,* Paris.

De La Boussinière Antoine, *professeur,* Le Mans.
Laforge Nathalie, *étudiante,* Paris.
Lambert Henri-Charles, *Avocat - secrétaire général AJC de Nice,* Nice.
Lapouge Georges, *prêtre canoniste,* Paris.
Lapeyre André, *notaire,* Avignon.
Lapeyrère Franck, *magistrat,* Nancy.
De Larbès Germaine, *Ancien directeur de l'Association de Protection de l'enfance,* Toulouse.
Le Borgne Catherine, *étudiante,* Paris.
Le Cacheur Hervé, *fonctionnaire,* Saint-Denis.
Lecoq Jacques, *notaire,* Rouen.
Le Griel Hubert, *avocat,* Paris.
Le Griel Bruno, *étudiant en Droit,* Paris.
Legros Élisabeth, *étudiante,* Muzillac.
Lejeune Jean-Marie, *avocat,* Cherbourg.
Lejeune Mme, *étudiante,* Cherbourg.
Lemaignen Yves, *avocat,* Orléans.
Lemaire Pierre, *éditeur,* Paris.
Lenne Claude, *expert foncier,* Vouille.
Le Tourneau Philippe, *professeur-président Fed. J.-C. Ile-de-France,* Paris.
Letard Catherine, *professeur,* Paris.
Levade Maurice, *magistrat,* Paris.
Levasseur Georges, *professeur,* Paris.

Levillain Philippe, *professeur,* Paris.
Linant de Bellefonds Xavier, *professeur,* Paris.
Lorant Michel, *conseil juridique,* Neuilly.
Louis-Jacquet Isabelle, *étudiante,* Paris.
Louis-Lucas Paul, *professeur vice-président AJC Bourgogne,* Dijon.
Loyet Joseph, *juriste d'affaires,* Nérac.
Luc-Thaler Martine, *avocat aux Conseils,* Paris.
Luigi Jean, *président T.G.I.,* Lons-le-Saunier.

Mabillard Michel, *avocat-délégué AJC de Suisse,* Suisse.
Le Maiguen Tiphaine, *étudiante,* Paris.
Malaurie Philippe, *professeur,* Paris.
Malmézat Jean, *professeur,* Paris.
Marchand Pierre, *administrateur civil,* Massy.
Marion Marguerite, *magistrat,* Lods.
Marion Rémy-Charles, *attaché parlementaire,* Meudon.
Marmion Marc, *avocat,* Nevers.
Maury Isabelle, *étudiante,* Paris.
De Mello Xavier, *avocat,* Paris.
Memeteau Gérard, *professeur - Président AJC, Poitou,* Poitiers.
Meslin Benoît, *magistrat,* Abbeville.
Mesnil Paloma, *étudiante,* Paris.
Mestre Jean-Louis, *professeur,* Aix.
Meyer Jean-François, *avocat,* Paris.
Miribel Éric, *étudiant,* Aix.
Misserey Hugues, *clerc de notaire-secrétaire général AJC, Bourgogne,* Dijon.
Monge Philippe, *clerc de notaire-secrétaire Nl Confédération,* Marseille.
Morice Raymond, *préfet honoraire,* Paris.
Mouton Marie-Christine, *juriste,* Jurançon.
Munier Jean-Jacques, *avocat-délégué général de la Confédération,* Paris.
Musset Claire, *étudiante,* Paris.

Néret Jean, *professeur,* Paris.
Nison Gérard, *prêtre,* Avallon.
Niveau de Villedary Henry, *Magistrat,* Paris.
Nourissat Jean, *notaire-président AJC Bourgogne,* Dijon.

Oliveri Mario (Mgr), *auditeur de Nonciature,* Paris.
Oliveira Maria, *étudiante,* Paris.
D'Onorio Joël-Benoît, *président de la Confédération,* Aix.

Paschal Sylva, *étudiante de 3e cycle de Droit,* Colayrac-Saint-Cirq.
Padrixe Hervé, *clerc de notaire,* Perpignan.
Patron Bruno, *avocat,* Paris.
Payen Pierre, *avocat,* Lille.
Peaucelle Thomas, *étudiant,* Neuilly/S.
Périnet-Marquet Hugues, *professeur-secrétaire Nal Confédération,* Poitiers.
Picard René, *directeur École notariat-secrétaire général de la Confédération,* Bordeaux.
Pierchon Michel, *avocat,* Montpellier.
Piettre André, *professeur, membre de l'Institut,* Paris.
De Pillot Chamtrams Marie-Thérèse, *étudiante,* Nantes.
Pilot Patricia, *étudiante,* Poitiers.
Pintre Stéphane, *étudiant,* Paris.
Plesser Ernst, *juriste de banque,* Allemagne Fédérale.
Ponsard André, *magistrat,* Dijon.
Potton Jean-François, *administrateur civil,* Paris.
Prévault Jacques, *professeur,* Clermont-Ferrand.

Raoult Albert, *magistrat honoraire,* Arras.
Rapasson Pierre, *fonctionnaire,* Dax.
Raqueneau André, *magistrat,* Lunel.
Rassat Michèle-Laure, *professeur-président Comm. sociale de la Confédération,* Paris.
Raynaud Pierre, *professeur,* Paris.
Rémy Dominique, *avocat-secrétaire général AJC, Aquitaine,* Bordeaux.
Réverdy Louis, *Prés. Ass. Familiales Catholiques,* Paris.
Rey Nicole, *juriste d'entreprise,* Limoges.
Ricci Jean-Claude, *professeur,* Marseille.
Rodier Bruno, *juriste de banque,* Paris.
Roger Christine, *étudiante,* Paris.
Romero Augustin, *prêtre-canoniste,* Paris.
Rouanet de Vigne-Lavit André, *magistrat,* Paris.
Roughol Denise, *doyen. de la Fac. libre de droit,* Paris.
Rousselot Yves, *ecclésiastique,* Nantes.
Roux Dominique, *juge d'instruction,* Lyon.
Rouzeaud Roger, *fonctionnaire et maire-adjoint,* Charenton-le-Pont.

Salomé Yvonne, *avocat,* Douai.
Sauton Marie-Nicole, *avocat,* Paris.
Schmitt Marc, *notaire,* Sainte-Marie-aux-Mines.
Schmitz Thierry, *avocat,* Paris.
Séguy Olivier, *étudiant,* Paris.
Sepchat Anne, *étudiant,* Perpignan.
Sériaux Alain, *professeur,* Perpignan.
Smits Jeanne, *étudiante,* Nantes.
Stricher René, *candidat notaire,* Strasbourg.
Szabelska Eugénie, *avocat,* Paris.

Thaumiaux Pascale, *étudiante,* Paris.
Thiriet Christian, *étudiant,* Perpignan.
Trani Camille, *chargée de conférences,* Paris.
Tribot la Spière Hervé, *étudiant,* Paris.
Tricaud Martial, *avocat et professeur,* Paris.
Turlan Jeanne, *professeur,* Paris.

Urbain Brigitte, *étudiante,* Paris.

Vallas Bruno, *avocat - assistant Fac. Droit,* Nancy.
Valois Eugène, *fonctionnaire,* Melun.
Valson Corinne, *étudiante,* Paris.
Viney Geneviève, *professeur,* Paris.
Villacèque Jean, *Avocat-président AJC Roussillon,* Perpignan.
Villacèque Sophie, *juriste,* Perpignan.
Virol Olivier, *étudiant,* Paris.
Virol Thierry, *étudiant,* Paris.
Volle Francis, *prêtre,* Paris.

Wedeux Sylvie, *auditeur de justice,* Douai.
Wolkowitsch Gilles, *juriste d'affaires,* Paris.

Xumont Albert, *juriste d'entreprise,* Pondaven.

Zia Raoul, *étudiant,* Paris.

COMITÉ DE PARRAINAGE DE LA CONFÉDÉRATION DES JURISTES CATHOLIQUES DE FRANCE

Son Excellence Monseigneur Charles Lefebvre,
DOYEN EMERITE DU TRIBUNAL APOSTOLIQUE DE LA SACRÉE ROTE ROMAINE, CONSEILLER JURIDIQUE DU CONSEIL PONTIFICAL POUR LES LAÏCS, CONSULTEUR DE LA CURIE ROMAINE, PROFESSEUR A L'UNIVERSITÉ PONTIFICALE GRÉGORIENNE.

Monseigneur Bernard de Lanversin,
PRÉLAT D'HONNEUR DE SA SAINTETÉ, AUDITEUR AU TRIBUNAL DE LA SACRÉE ROTE ROMAINE, CONSULTEUR DE LA COMMISSION PONTIFICALE POUR L'INTERPRÉTATION AUTHENTIQUE DU CODE DE DROIT CANONIQUE, CONSEILLER DU TRIBUNAL DE LA SACRÉE PÉNITENCERIE APOSTOLIQUE.

Monsieur Jean Portemer,
CONSEILLER DOYEN HONORAIRE DE LA COUR DE CASSATION.

Monsieur le professeur Henri Mazeaud,
MEMBRE DE L'INSTITUT.

Monsieur le professeur André Piettre,
MEMBRE DE L'INSTITUT.

Monsieur le professeur Pierre Raynaud,
MEMBRE DE L'INSTITUT, PRÉSIDENT DE L'ASSOCIATION DES DIRECTEURS D'INSTITUTS D'ÉTUDES JUDICIAIRES.

Monsieur le Bâtonnier André Damien,
CORRESPONDANT DE L'INSTITUT, CONSEILLER D'ÉTAT, ANCIEN PRÉSIDENT DE LA CONFÉRENCE DES BÂTONNIERS DE FRANCE.

Monsieur le professeur René-Jean Dupuy,
PROFESSEUR AU COLLÈGE DE FRANCE, SECRÉTAIRE GÉNÉRAL DE L'ACADÉMIE DE DROIT INTERNATIONAL DE LA HAYE.

Monsieur l'abbé Jean Passicos,
DOYEN DE LA FACULTÉ DE DROIT CANONIQUE DE PARIS, PRÉSIDENT DE LA SOCIÉTÉ INTERNATIONALE DE DROIT CANONIQUE ET DE LÉGISLATIONS RELIGIEUSES COMPARÉES. CONSULTEUR DE LA COMMISSION PONTIFICALE POUR L'INTERPRÉTATION AUTHENTIQUE DU CODE DE DROIT CANONIQUE.

CHARTE DES JURISTES CATHOLIQUES DE FRANCE

Dieu est le fondement du Droit

Les laïcs doivent assumer comme leur tâche propre le renouvellement de l'ordre temporel. Si le rôle de la hiérarchie est d'enseigner et d'interpréter authentiquement les principes moraux à suivre en ce domaine, il leur appartient par leurs libres initiatives, et sans attendre passivement consignes et directives, de pénétrer d'esprit chrétien la mentalité et les mœurs, les lois et les structures de leur communauté de vie.

PAUL VI

Un chrétien n'est pas seulement une personne qui a la foi, mais aussi quelqu'un qui est appelé à être le levain et le sel de la société civile et politique dans laquelle il vit.

JEAN PAUL II

Principes d'action

1 - Attachement indéfectible à la sainte Église catholique, apostolique et romaine.

2 - Ouverture aux problèmes et aux inquiétudes du monde contemporain dans la fidélité à l'Évangile, à la lumière de l'enseignement du Magistère suprême de l'Église.

3 - Reconnaissance et respect du droit naturel et chrétien.

4 - Défense et protection de la vie humaine, de la conception à la mort.

5 - Affirmation de la dignité de l'homme et rappel constant de ses devoirs fondamentaux comme des droits qui en découlent.

6 - Diffusion par tous les moyens appropriés de la doctrine de l'Église.

7 - Mise en œuvre de l'enseignement social de l'Église et opposition à tout ce qui lui est contraire.

Pour contribuer à un authentique renouvellement chrétien de la société contemporaine, plus particulièrement dans les milieux juridiques et para-juridiques, et afin de constituer un instrument efficace d'union, de réflexion et d'action, la *Confédération des juristes catholiques de France* (Déclaration au J.O. du 18 juin 1978) a notamment pour buts :

— le regroupement et la coordination nationale des associations de juristes catholiques déjà existantes, ainsi que la promotion et l'organisation d'associations similaires dans les régions qui en sont dépourvues ;

— l'information et la réflexion de ses membres sur la vie de l'Église et les problèmes de société, spécialement du point de vue juridique, dans un esprit conforme aux principes de la Charte des juristes catholiques de France ;

— la publication et la diffusion de travaux, propositions et résolutions.

La *Confédération des juristes catholiques de France*

— collabore à des groupes de propositions de réformes législatives et sociales ;

— participe aux Congrès internationaux de juristes catholiques (Détroit 1974, Dublin 1976, Manille 1979, Rome 1981) ;

— organise des échanges et des rencontres entre juristes catholiques Français : Colloque national de Versailles 1979 *(les Droits naturels de l'enfant)*, de Paris 1980 *(Actualité de la doctrine sociale de l'Église)* ; 1982 *(L'Église et l'État)* ; 1983 *(Religion et Droit)* ; 1985 *(Mariage civil et mariage canonique)*.

— publie une revue *Le Juris Chrétien*, support de son action, moyen de diffusion de ses études et lien entre les associations membres ;

— entretient des relations régulières avec la hiérarchie de l'Église et avec les organismes spécialisés du Saint-Siège ;

— suit l'évolution législative et réglementaire, qu'elle apprécie du point de vue juridique et chrétien.

La *Confédération des juristes catholiques de France* rassemble à ce jour une vingtaine d'associations régionales de juristes catholiques réparties dans toute la France.

Ces associations se composent d'universitaires, magistrats, avocats, avoués, notaires, huissiers, greffiers et, en général, toute personne ayant acquis une formation juridique, ainsi que des étudiants en Droit, sciences politiques et sciences économiques de différentes universités françaises.

La *Confédération des juristes catholiques de France* est administrée par l'assemblée générale des présidents des associations membres formant le conseil national dont l'organe exécutif est le Bureau National ainsi composé (jusqu'en janvier 1987) :

Président

M. JOEL-BENOIT D'ONORIO (Provence).

Vice-Présidents

M. JEAN-MICHEL LEMOYNE DE FORGES (Ile-de-France),
M. GEORGES GIRAUD (Paris),
M. GUY DRAGON (Nord),
M. BRUNO BELIN DE CHANTEMELE (Rhône-Alpes)
M. PHILIPPE BARDOUL (Nantes).

Délégué général

M. JEAN-JACQUES MUNIER (Paris).

Secrétaire général

M. RENÉ PICARD (Aquitaine).

Secrétaires nationaux

M. PHILIPPE MONGE (Provence),
M. HENRI-CHARLES LAMBERT (Nice),
M. PHILIPPE METTOUX (Bourgogne).

Conseiller théologique

R.P. PHILIPPE ANDRÉ-VINCENT, o.p. (Provence).

Président de la Commision des Études

MME MICHÈLE LAURE RASSAT (Paris).

Présidents régionaux membres du Conseil national

M. ALAIN DE BEZENAC (Normandie), Mme GABRIELLE FABER (Versailles), M. GUILLAUME GASCHIGNARD (Nantes), M. GÉRARD MEMETEAU (Poitou), M. JEAN NOURISSAT (Bourgogne), M. GUY PAILLONCY (Auvergne), M. MAURICE TORELLI (Nice), M. JEAN VILLACEQUE (Roussillon), M. JEAN-FRANÇOIS VOUIN (Aquitaine).

TABLE DES MATIÈRES

ISBN : 2-85244-682-0

ACHEVÉ D'IMPRIMER LE 12 AVRIL 1985
SUR LES PRESSES DES ÉDITIONS TÉQUI
53150 SAINT-CÉNÉRÉ

Nº d'édition : T 53 604
Dépôt légal : Avril 1985